U1059823

金融管理研究

王周伟 主编

第8辑 | VOL.8

FINANCE AND MANAGEMENT RESEARCH

上海交通大学出版社
SHANGHAI JIAO TONG UNIVERSITY PRESS

内容提要

本书为研究金融管理的文集，包括13篇文章，内容涵盖网贷信用风险管理、平台交易、保险公司治理、打车手机软件、企业商业信用、企业社会责任、商业银行风险等论题。

本书适合金融、经济及管理类专业研究人员参考阅读。

图书在版编目(CIP)数据

金融管理研究.第8辑 / 王周伟主编. —上海：上海交通大学出版社，2016

ISBN 978-7-313-16116-1

Ⅰ.①金… Ⅱ.①王… Ⅲ.①金融管理-研究 Ⅳ.①F830.2

中国版本图书馆CIP数据核字(2016)第266488号

金融管理研究（第8辑）

主　　编：王周伟

出版发行：上海交通大学出版社　　地　　址：上海市番禺路951号

邮政编码：200030　　电　　话：021-64071208

出 版 人：郑益慧

印　　刷：上海盛通时代印刷有限公司　　经　　销：全国新华书店

开　　本：710mm×1000mm　1/16　　印　　张：12.5

字　　数：85千字

版　　次：2016年12月第1版　　印　　次：2016年12月第1次印刷

书　　号：ISBN 978-7-313-16116-1/F

定　　价：45.00元

版权所有　侵权必究

告 读 者：如发现本书有印装质量问题请与印刷厂质量科联系

联系电话：021-61453770

编 委 会

学术委员会（以姓氏笔画为序）

王明进　　张顺明　　张寄洲
李百炼（美国）　　李宝仁　　周忠国（美国）
图马哲（法国）　　岳荣先　　庞　涛（美国）
林俊国　　郭军义

主　编

王周伟

执行主编

卓德保　崔光灿　赵金实

专业编辑（以姓氏笔画为序）

刘江会　张　震　李　刚　郑晓涛
姚亚伟　崔百胜　黄　静　敬志勇

前　言

《金融管理研究》是经济、金融和管理理论研究与实践创新领域的中英文系列专业学术丛书。由上海师范大学商学院主办，每年出版 2～4 辑，每期 20 万字左右。本丛书秉持学术性、创新性与前瞻性，努力为经济与管理研究搭建一个具有国内外领先水平的学术交流平台。

《金融管理研究》丛书主要收录经济、金融与管理领域内，原创性强、高质量的规范、实证的学术论文，也可以是案例分析、文献综述、调研报告等。

第 8 辑包含经济管理类学术研究论文共 13 篇。具体包括：我国大学生 P2P 网贷信用风险度量研究、我国保险公司治理有效性研究、人口流动、户籍分割与区域经济结构、考虑流动性风险的开放式基金业绩评价、基于 DEA 模型的商业银行互联网转型绩效研究、打车类手机软件的现状和发展趋势分析、基于第三方投资者教育的"证券投资分析"课程教学改革初探、新股收益的影响因素研究、市场地位对我国企业商业信用的影响研究、供给侧改革下我国普惠金融深化改革的路径研究、信贷扩张与商业银行风险承担、企业社会责任对财务绩效的影响、基于重组信息的股价异动研究。

总而言之，本丛书集合了大量探索性、提炼性和创造性的科研成果，希望对中国经济与管理学界学术知识与实践经验的交流与发展有所裨益。

目　录

我国大学生 P2P 网贷信用风险度量研究[①]

——基于“速溶 360”平台交易数据

陈 燕[②] 夏人青[③] 傅 毅[④]

摘 要：随着 P2P 网贷市场的不断细分，大学校园已成为众多网贷平台争夺的重要市场。本文以大学生 P2P 网贷信用风险为研究对象，采集了“速溶 360”平台的全量业务数据，通过数据重构，还原了每笔网贷发生时的业务场景数据。为了能够设计出度量大学生 P2P 网贷信用风险的评分卡，本文首先对数据的各个变量进行分箱，其次运用 Logistic 回归建立了大学生 P2P 网贷信用风险度量模型，通过对模型结果中的各个参数进行变换，最终得到了变量各分箱的信用分值，即评分卡。为检验评分卡的有效性，本文以评分卡规则对平台业务数据进行评分，将分值进行分段后我们发现，网贷业务的逾期率随着分值的提升而显著下降。因此，本文的研究成果能有效地度量大学生 P2P 网贷的信用风险，为该细分市场资金出借人进行决策提供参考依据。同时，运用本文评分卡开展网贷评分，也有助于网贷平台对具体业务进行分级管理，提高平台的整体信用管理水平。

关键词：大学生信用；P2P 网贷；信用风险

---

① 国家自然科学基金项目(71471117)，上海市教委科研创新重点项目(13ZZ107)，上海师范大学自科项目(SK201506)，上海师范大学人文社科项目(A－3131－12－002050)。

② 陈燕(1981—)，女，上海师范大学讲师，主要从事高等教育、大学生互联网行为研究。

③ 夏人青(1954—)，女，上海师范大学高等教育研究所研究员、博士生导师，主要从事高等教育、比较高等教育研究。

④ 傅毅(1981—)，男，上海师范大学商学院讲师，主要从事信用管理、互联网金融的相关研究。

一、问题提出

P2P网贷是指借助专业网络平台帮助借贷双方确立借贷关系并完成相关交易手续的网络借贷，其中P2P是英文peer to peer的缩写，意即“个人对个人”。

P2P网贷起源于欧美，2007年首次进入中国。截至2015年7月31日，我国P2P网贷平台数量已达2 806家。仅2015年上半年，全国P2P网贷成交额近3 000亿元(数据来源：网贷之家 http://www.wangdaizhijia.com)。在经历了过去数年的高速增长之后，如今P2P网贷市场已开始细分，在众多的细分市场中，大学生P2P网贷异军突起，发展迅猛。

大学生P2P网贷的概念最早来源于一家名为Social Finance(以下简称“SoFi”)的美国学生贷款公司。该公司成立于2011年，其主要业务为学生贷款再融资，即在SoFi平台上申请较低利率的新贷款，以偿还原有较高利率的学生贷款。SoFi成立四年，其估值已高达35亿美元。因为国情不同，目前中国P2P平台的利率相较于政府主导的助学贷款利率毫无竞争优势，因此为学生提供的借款，用途并不局限于助学贷款，也包括创业、购物、旅游、教育培训等。根据“网贷之家”统计的2015年在校大学生3 000万左右推算，国内大学生网贷市场整体规模高达千亿级。目前我国专营大学生P2P网贷业务的P2P平台有速溶360(http://www.surong360.com)、学贷网和利融网，其中速溶360在2015年初获得了起点创投基金的数千万元A轮风投资金。此外，业务涵盖大学生P2P网贷的综合性P2P平台有积木盒子、诺诺镑客、拍拍贷等。其中，诺诺镑客凭借2013年推出的名校贷，在2014年累计成交额高达11.06亿元，同比增长163%，注册用户达21万人，人均交易达7 500元。

大学生相较于其他网贷借款人，有着身份易确认(通过学信网核实学籍www.chsi.com.cn)、违约成本高、家庭是其潜在担保人等先天信用优势。速溶360在其官网上发布该平台从2013年10月至2015年2月的坏账率，其坏账率仅为1.5‰①。即便如此，投资大学生网贷也并非高枕无忧，其主要风险在于：

① 数据来源：http://newspaper.jfdaily.com/jfrb/html/2015-02/03/content_64045.htm。

网贷平台履约风险。由于涉足大学生网贷的平台日益增多,平台间恶意竞争日益激烈,获客成本不断提升,平台盈利渠道单一,从而影响了平台的正常运营。一旦平台倒闭,其信息中介的职能将无法履行,出借人也将面临借贷关系无法确认的窘境。此外,部分平台违规增信,私建资金池,非法集资,卷款逃跑,给出借人带来了巨大的损失。

网贷信息非对称风险。一方面,由于出借人只能通过浏览网贷平台获得贷款相关信息,而平台的信息发布又缺乏相关部门的监管,使得部分贷款信息无法获得及核实。另一方面,受各种业务需求的影响,大多数平台并不公开自身的坏账率和逾期率,即便公开也鲜见其统计方法和统计口径。因此,在 P2P 网贷业务中,出借人往往是信息获得的弱势群体,这也将直接影响出借人对贷款风险的判断。

大学生信用意识风险。由于受社会环境、家庭环境和学校教育等影响,我国大学生的信用意识水平参差不齐,且大学生整体信用意识不容乐观。2015 年 8 月 28 日,北京宜信致诚信用评估有限公司与中国人民大学信用管理研究中心联合发布的《全国大学生信用认知调研报告》显示,超过八成大学生没听说过或不了解个人信用报告,知道信用报告中逾期记录保存几年的大学生只有 12%,甚至有超三成大学生不知道个人信用报告里的逾期记录会影响未来的金融生活。针对使用过贷款的大学生的还款情况的调查则显示,有四成大学生曾逾期还款,而使用信用卡的大学生里,有 2%的大学生经常不按时还款。

因此,如何针对大学生群体特征和 P2P 网贷行业特点,基于平台公布的数据,研究和构建大学生 P2P 网贷信用风险度量模型,为大学生 P2P 网贷平台完善风控体系,为出借人的借款项目选择提供决策依据,并进而有效管理大学生 P2P 网贷细分行业风险,已经成为业界和学术界共同关心的重要问题。

与本文相关的前期研究工作大致可分为两类:第一类是 P2P 网贷信用风险与出借人行为的实证研究。Klafft(2008)对 Prosper 平台上的数据进行分析,该研究的结论认为信用评级对贷款利率的影响远大于贷款人债务收入比,是最大的影响因素,而其他信息(如银行账户信息、是否自有房产等)对借款利率则几乎不造成影响。Puro(2010)站在借款人的角度,给出了借款人决策辅助策略,从而帮助借款人决策初始借贷利率和借贷金额。Lin 等人(2012)研究了网络社交圈对P2P网络信贷的影响，分别用Probit模型和Heckman两步法模型分析了借款成功概率和借款利率与社交网络圈的关系，其结论表明网络社交圈可以增大借贷成功概率，降低借款利率。Chen和Han(2012)对中美两国的P2P借贷现状进行了比较分析，并发现两国的P2P资金借出方所关注的信用信息是不同的。Lee(2012)基于韩国最大P2P借贷平台的数据，研究发现该平台上的出借人存在着显著的羊群行为，并且随着投标过程的进行，这种羊群效应呈现出边际递减效应。曾江洪与杨帅(2014)以拍拍贷借贷平台数据为样本，研究发现平台资金出借人的投资决策易受前期出借人的影响，存在显著的羊群行为。王会娟与廖理(2014)通过采集"人人贷"数据，验证了平台的信用认证机制能够有效地揭示信用风险，同时也指出了平台评级指标的单一性使得其风险揭示作用具有局限性。另一类是对于大学生贷款信用问题的相关研究。张强等(2009)基于四所高校的172个贷款样本，应用改进模糊算法进行了信用评级，探讨了对学生信用评级有重大影响的因子。吴开俊和陈宇红(2010)以广东省四所高校为研究样本，分析了国家助学贷款违约风险的影响因素，并研究了违约风险的控制对策。张凤奕(2014)基于大学生助学贷款的信用问题，研究了大学生助学贷款信用问题的影响因素和后续危害，并提出了对策建议。Hillman(2014)对于学生贷款违约问题进行了深入研究。通过对于大一新生的调查发现，累计贷款金额与违约率是非线性关系，学校类型、家庭收入、就业情况以及学业完成度对于贷款违约率有较强的影响。Karen L. Webber和Sharon L. Rogers(2014)针对1 399个四年制非营利美国教学机构样本，分析了不同机构特征对于2010年联邦学生贷款违约率的影响。

本文在先前工作的基础之上，通过自行开发代码与商用网络爬虫软件相结合，在速溶360网络平台上共采集了63 071条网贷业务数据和315 545条月还款数据。通过数据分箱和WOE(Weight of Evidence)替换，本文以网贷按时还款与否作为被解释变量，运用Logistic回归建立了大学生P2P网贷信用风险度量模型，并设计了大学生P2P网贷信用风险评分卡，通过评分测试，验证了评分卡的有效性，最后依据本文模型结果，给出了关于大学生P2P网贷市场发展的相关建议。

二、理论分析

1. 信用风险度量的理论框架

由于受网络技术、平台数据库管理、借贷双方投机主义等因素的影响，在P2P 网络平台的借贷过程中，借款方与出借方获取的业务信息并不完全一致，即信息不对称。在这种信息不对称的市场环境下，逆向选择问题应运而生。通常情况下，借款人为了获得贷款，会按照 P2P 平台的要求，将相关信息自行上传到平台。随后，P2P 平台会对上传数据和相关历史数据进行审核并处理，并将处理过的数据在平台上发布。由于数据都已脱敏处理(屏蔽了姓名、电话、身份证等识别信息)，因此出借人只能通过浏览网站来获取相关信息，而对信息的真实性无从判断，相反，借款人则对借贷的真实信息十分了解。因此出借人只能根据借款的平均信用水平来为自己做投资决策。很显然，这样会使得信用良好的借款人因不愿支付高利率而退出市场，相反只有信用较差的借款人才会进入市场，并最终使得 P2P 网贷市场的整体信用水平下降。借贷信息不对称产生的另一个问题就是道德风险。在 P2P 网贷中最常见的道德风险就是贷款用途变更。虽然在 P2P 网贷申请过程中，借款人需要描述借款用途，但是一旦网贷成功后，其贷款用途几乎不受监管，因此借款人在各种利益驱使下，很可能在出借人不知情的情况下，变更借款用途，并最终导致还款困难。逆向选择和道德风险都会使得 P2P 网贷的参与方利益受损，降低整个 P2P 网贷市场的效率。

信用风险度量可以在很大程度上缓解上述问题。出借人可以参考 P2P 网贷的信用风险度量值(评级、评分等)决定自身的投资策略，有效地避免逆向选择。对于借款人而言，信用风险度量则能综合当前借款、历史借还款等各项信息，有效地反映当前借款的信用风险水平，并直接影响借款成功与否，因此能在一定程度上控制借款人的道德风险。

2. 信用风险度量指标

目前世界范围内最为成熟的信用风险度量业务当属美国的个人信用评级，该业务主要由 Equifax、Experian 和 TransUnion 三家公司提供，它们都使用 FICO 信用评分来量化个人信用质量和风险。FICO 信用评分体系遵循 5C 原则，即道德品质（Character）、还款能力（Capacity）、资本实力（Capital）、担保（Collateral）和经营环境条件（Condition）五个方面的指标。FICO信用评分选取的这些指标全面地反映了影响借款人信用情况的各种因素。与欧美国家的征信业务相比，我国P2P网贷征信尚处于起步阶段，但发展迅速。2013年7月，中国人民银行授权上海资信搭建的网络金融征信系统（NFCS）正式上线，要求将全国P2P企业纳入该系统，此举也是央行征信延伸至非银行领域的前瞻性举措，目前完成数据接入的P2P平台已经超过400家。然而当前NFCS主要是解决跨平台的信息共享问题，至于如何确定信用风险度量指标，有效地开展P2P网贷各细分领域的征信业务，仍然需要结合具体业务特征来建立其风险度量体系。本文参考5C原则，结合大学生P2P网贷业务特征，分别从个人基础信息、当前网贷信息、历史网贷信息三个维度采集不同指标来度量网贷业务信用风险。那么这三个维度的指标是否对信用风险产生显著的影响，本文将在后面的实证研究中予以检验。

三、研究设计

1. 数据采集与变量定义

1）业务数据的采集

本文研究的目的是通过量化分析大学生P2P网贷信用风险的影响因素，建立该类网贷业务的信用风险度量模型。本文首先通过R语言编写数据采集器与八爪鱼数据采集器的交叉使用，采集了速溶360平台上自2013年10月至2015年6月的全量网贷业务数据（业务编号No.1～No.77000），剔除审核未通过以及无法打开对应编号网页的网贷业务，总计获得63 071条网贷业务数据（数据均不涉及个人隐私），删除部分变量缺失的数据1 953条，剩余61 118条。

为了更为客观和精确地度量大学生网贷的信用风险，避免由于因还款未到期而低估了逾期网贷的比例，我们进一步筛选出所有应还款日期早于数据采集日期的业务，共计46 598条，并随机抽取其中80%的数据作为训练数据来建立Logistic模型，20%的数据作为测试数据，用于后期模型判别准确性的检验数据。

2）业务历史场景的重构

由于数据的采集时间为 2015 年 7 月，因此我们无法采集到每笔业务发生时的"累积还款金额"等动态变量。为了使得模型的解释变量结构更为完整，我们进一步采集了该平台网贷业务对应的全量还款信息数据，共计 315 545 条。通过全量还款信息数据，我们统计了每笔业务发生前借款人的"累积还款金额""累积逾期金额"等动态变量，还原了每笔网贷业务发生时的历史动态场景数据。

3）变量定义

受实际坏账率和网站数据公开程度的影响，本文将还款逾期作为信用风险识别指标，其中"还款逾期"是指借款人超过约定的最后还款期限，且未及时足额归还约定的借款本息。需要说明的是，逾期未必会最终形成坏账，但是逾期依然属于违约行为，会导致出借人无法按期收回投资和收益，造成相应的损失。

通过统计还款情况，对每笔网贷业务增加一个"还款情况"变量（变量编号：Y），若该笔网贷业务的所有还款中未出现"逾期"，则该变量赋值为 1，否则赋值为 0。各自变量及其定义见附表 1。

2. 研究模型构建

本文采用二分类 Logistic 回归对前期采集的大学生网贷业务数据进行分析，来研究多个自变量（$X_1, X_2, \cdots, X_{17}$）对因变量（Y：还款情况）的影响。

二分类 Logistic 回归模型可以表示为

$$P=\frac{e^{(C+\beta_1 X_1+\cdots+\beta_m X_m)}}{1+e^{(C+\beta_1 X_1+\cdots+\beta_m X_m)}} \tag{1}$$

或者

$$\ln\left(\frac{P}{1-P}\right)=C+\beta_1 X_1+\cdots+\beta_m X_m \tag{2}$$

式中，C 是与各自变量 X_i 无关的常数项；$\beta_1, \beta_2, \cdots, \beta_m$ 是回归系数，表示各自变量对因变量的贡献量。

由于本文 Logistic 回归模型自变量的选择是从个人基础信息（PI）、当前网贷信息（BI）和历史网贷信息（HI）三个维度进行选取和采集，因此回归模型也可表示如下：

$$Z=\ln\left(\frac{P(Y=1)}{1-P(Y=1)}\right)=C+V_1\cdot \mathrm{PI}+V_2\cdot \mathrm{BI}+V_3\cdot \mathrm{HI}+\varepsilon \tag{3}$$

式中，C 为常数项；V_1，V_2，V_3 表示回归系数向量；ε 表示随机误差。

四、实证结果与分析

1. 描述性统计

本文对所有变量按照连续性分为分类变量和连续变量，并分别给出了频数统计和描述性统计（见附表2和附表3）。通过观察附表2，我们不难发现，不同性别的借款人在参与网络借贷的人次上有着较大的差异，男生的网贷人次要远高于女生，占比达76%，这主要是因为在大学期间男生往往接触网络的时间更长，同时也更愿意尝试网络中的新鲜事物。从学历层面来看，本科生毫无疑问是借贷的主力军，占比达71.5%，而硕士和博士的借贷人次较少，两者之和未超过3%。此外，东部地区的借款人次最多，占比达40.3%，东北部地区借贷人次最少，占比达8.7%。从借款用途类型来看，购物是最主要的借贷需求原因，占比达27.5%。创业排在其后，占比达16.7%。

附表3展示了连续变量的描述性统计结果。其中，项目金额的平均数为961.29元，标准差为458.92元，这说明大学生P2P网贷几乎都在3 000元以内，金额较小。同时我们也发现网贷的平均收益率（即利率）为23.28%，这是一个比较高的负担，对于没有稳定收入的大学生而言，容易造成还款压力。此外，累积已还次数为17.66次，由于平均周期为5.25个月，这意味着相当比例的借款人存在着2次以上的借款行为。累积逾期次数的平均数为1.9次，这也印证了《全国大学生信用认知调研报告》的调研结论——大学生的信用意识不容乐观。

2. 变量分箱的 *WOE* 转换与 *IV* 计算

本文参考 Nebojsa Nikolic 等（2013）的工作，应用信息熵方法，对变量进行WOE变换，并计算其IV。这里WOE表示证据权重（Weight of Evidence），是根据按期还款占比和逾期还款占比计算得到的，与逾期比例变动方向相反。IV为信息价值（Information Value），由WOE计算得到，用以描述该变量的判别能力，信息价值越高，说明该变量的判别能力越强。WOE与IV的计算公式如下：

$$\mathrm{WOE}_{i,j}=\ln(\frac{G_{i,j}}{G})-\ln(\frac{B_{i,j}}{B}) \tag{4}$$

$$\mathrm{IV}_i=\sum_{j}^{M}[\frac{G_{i,j}}{G}-\frac{B_{i,j}}{B}]\times \mathrm{WOE}_{i,j},\ i\in\{1,2,\cdots,N\},\ j\in\{1,2,\cdots,M_i\}$$

这里 $\mathrm{WOE}_{i,j}$表示第 i 个变量中第 j 个分箱的 WOE 值，IV_i 表示第 i 个变量的 IV 值。$G_{i,j}$为第 i 个变量中第 j 个分箱中的按期还款业务数，$B_{i,j}$为对应的逾期还款业务数。G 为总按期还款业务数，B 为总逾期还款业务数，N 为变量个数，M_i 为第 i 个变量的分箱数。

计算 WOE 值，就是找出每个变量合理的区间划分，即分箱。下文将对所有变量进行分箱操作，其中，性别、大学类型、借款类型和担保这 4 个变量，我们按照网贷平台原有分类进行分箱并 WOE 赋值。对于学历变量，本文按照专、本、研进行分类。对于户籍省份，为减少分箱数，参考国务院经济区划分规则，我们将其分为东部、中部、西部和东北部四个分箱，并对其进行 WOE 赋值。

其次，对于连续变量，本文则直接运用 IBM SPSS Statistics 22 中的最优离散化功能进行分箱，并运用公式(4)对各个分箱进行 WOE 赋值，具体见附表 4。

3. Logistic 回归结果与信用风险识别检验

本文以 IBM SPSS Statistics 22 为数据分析平台，调用其二元 Logistic 模型对数据进行建模，其中因变量选取还款情况，即网贷业务逾期与否。自变量为 X_1 至 X_{17}，且自变量都已 WOE 赋值，方法选择向前逐步回归，分割值设定为 0.81，显著性水平为 5%，模型输出如表 1～表 3 所示。

表 1　模型系数的 Omnibus 检验

步骤 14	卡方	d*f*	*P*-val
步骤	10.336	1	0.001
区块	26 783.081	12	0.000
模型	26 783.081	12	0.000

表2 模型摘要

	−2 Log Likelihood	Cox & Snell R^2	Nagelkerke R^2
步骤 14	14 815.728	0.512	0.762

表3 模型参数

变量编号	变量名	参数	S.E.	Wald	*df*	*P*-val	Exp(B)
X_1	性别	0.665	0.190	12.231	1	0.000	1.944
X_2	学历	0.631	0.046	189.206	1	0.000	1.880
X_3	大学类型	0.409	0.091	20.238	1	0.000	1.506
X_4	户籍省份	0.564	0.130	18.819	1	0.000	1.757
X_5	借款用途	0.225	0.053	18.140	1	0.000	1.253
X_6	项目金额	0.966	0.059	266.671	1	0.000	2.628
X_8	收益率	0.704	0.028	650.354	1	0.000	2.023
X_9	周期	0.802	0.106	57.326	1	0.000	2.229
X_{12}	累积还款金额	1.233	0.030	1 697.045	1	0.000	3.432
X_{13}	累积逾期金额	0.091	0.028	10.394	1	0.001	1.096
X_{15}	累积逾期次数	0.741	0.021	1 249.055	1	0.000	2.098
X_{16}	累积逾借金额比	0.356	0.023	229.978	1	0.000	1.427
	常数	1.045	0.027	1 500.040	1	0.000	2.845

表1显示了Logistic回归方程显著性检验的总体情况，由于本文显著性水平为5%，因此*P*值小于显著性水平，拒绝原假设，并认为解释变量的全体与Logit(*P*)之间线性关系显著。表2显示两个R^2都大于0.5，其中Nagelkerke R^2达到0.764，说明本文的Logistic模型有着较好的拟合优度。表3给出了模型中的所有参数以及参数检验，所有变量的*P*-val都小于5%，通过检验。将这些参数代入式(2)，则本文的信用风险度量模型可表示如下：

$$\ln\left(\frac{P}{1-P}\right)=0.665\times X_1+0.631\times X_2+0.409\times X_3+0.564\times X_4+0.225\times X_5+$$

$$0.966\times X_6+0.704\times X_8+0.802\times X_9+1.233\times X_{12}+0.091\times X_{13}$$

$$+0.741\times X_{15}+0.356\times X_{16}-1.045 \tag{4}$$

其中 P 表示大学生 P2P 网贷业务正常还款概率，即网贷信用风险水平。P 值越小意味着该笔网贷的信用风险越大。需要说明的是，模型中所有参数都是正数，这是由于所有的变量在数据处理中都已 WOE 赋值，该值与优势比保持着正方向。收益、总还款本息、累积已还次数、累积逾期次数比 4 个变量由于不显著被移出。

通过观察式(4)和附表 4，容易发现，在其他因素确定的情形下，男生的信用风险要大于女生，博士和硕士研究生的网贷信用水平优于其他学历的高校学生，重点高校学生的网贷信用水平优于其他高校。此外，大学生的户籍所在地区也是一个重要影响因素，东部地区大学生的网贷信用水平最高。

在网贷业务信息变量中，项目金额、收益率与信用水平是反方向的，其变量取值越大就意味着还款压力越大，自然就降低了该笔业务的信用水平。周期、月还本息对于信用风险的影响不是单调的，其对应的信用风险呈现出中间高、两边低的态势。值得注意的是，通过观察借款用途变量，我们发现创业网贷的信用风险是最大的。虽然我们不能完全排除借款人变更借款用途等潜在可能，但这一实证结果提醒我们，在鼓励大学生创业的同时，应进一步完善创业周边的金融生态，拓展大学生创业的融资渠道，毕竟通常大学生在创业阶段的盈利水平未必能达到 20%左右的网贷利率。

在网贷历史信息变量中，所有变量的分箱水平与信用水平都是单调的，即高水平的累积还款金额和低水平的累积逾期金额对应着较低的信用风险，而高水平的累积逾期次数和累积逾借金额比则对应着较高的信用风险。这些指标反映了历史信息与当前网贷的信用水平是显著相关的，是平台和出借人对网贷信用风险度量的重要指标。

为了进一步检验本文建立的 Logistic 模型对于信用风险识别的有效性，我们分别将式(4)应用于训练数据和测试数据。通过计算和整理，本文模型对于训练和测试数据的预测成功率都接近 90%，该结果说明本文模型在实际应用中对于信用风险的识别有很高的精确度(见表 4)。

表4　模型预测效果

训练数据观察值		训练数据正确百分比(%)	测试数据正确百分比(%)
还款情况	逾期还款	89.5	89.3
	按期还款	89.5	89.4
整体百分比		89.5	89.4

4. 大学生网贷信用评分表

虽然式(4)已经给出了大学生P2P网贷的信用风险度量模型,并通过了检验,但由于烦琐的WOE赋值和较多的变量计算,该公式并不完全适用于业界的一线从业人员和普通出借人。因此需要设计出符合业务开展需求且简单易用的评分表。在设计前我们先给出评分的三个目标(可根据业务需求调整):

(1) 得分基本在0～1 000分之间(FICO评分位于350～850)。

(2) 评分达到500分时,优势比(OR)为4∶1,即优势比=按期还款业务数/逾期还款业务数=4。

(3) 评分值每增加50分,OR也增加一倍。

因此,令增加分 *pdo*(points to double the odds)=50分,取评分值 *Score* =500, *Offset* 表示基本分,*Factor* 表示变量得分参数,参考Javier C.Ferreiro等(2015)的设计思路,则有如下结果:

$Factor = pdo/\ln(2) = 50/\ln(2) = 72.134\ 8$

$Offset = Score - Factor \times \ln(OR) = 500 - 72.124\ 8 \times \ln(4) = 400$

结合式(2)最终得到了各分箱的评分表达式:

$$BinS = \frac{offset}{n} + Factor \times \left(\frac{C}{n} + \beta_i \times \mathrm{WOE}\right) \tag{5}$$

式中,*BinS* 表示分箱对应得分;WOE表示分箱的WOE值;β_i 为表3中对应参数;n 为变量个数,本文中 $n=12$。通过运用式(5)计算得到如下评分表(见表5)。

表 5 评 分 表

变量类别	变量名	分箱号	包含类别(分类)和取值范围(连续)	得分
个人基础信息变量(PI)	性别	B1	男	36
		B2	女	50
	学历	B1	硕士研究生、博士研究生	86
		B2	本科	53
		B3	专科、专升本、其他	8
	大学类型	B1	其他	37
		B2	重点高校	69
	户籍省份	B1	东部:北京、天津、河北、上海、江苏、浙江、福建、山东、广东和海南	48
		B2	中部:山西、安徽、江西、河南、湖北、湖南	36
		B3	西部:内蒙古、广西、重庆、四川、贵州、云南、西藏、陕西、甘肃、青海、宁夏、新疆	35
		B4	东北部:辽宁、吉林、黑龙江	28
当前网贷信息变量(BI)	借款用途	B1	担保交易	72
		B2	其他	62
		B3	社交娱乐	49
		B4	生活开销	47
		B5	付房租	41
		B6	旅游	38
		B7	购物	38
		B8	学习进修	37
		B9	创业	32
	项目金额	B1	[0,788.42)	169
		B2	[788.42,100 0)	84
		B3	[1 000,+∞)	24
	收益率	B1	[0,0.24)	140
		B2	[0.24,0.26)	87
		B3	[0.26,+∞)	14
	周期	B1	[0,3)	80
		B2	[3,6)	27
		B3	[6,+∞)	38

（续表）

变量类别	变量名	分箱号	包含类别(分类)和取值范围(连续)	得分
历史网贷行为变量(HI)	累积还款金额	B1	[0,1 047.18)	−40
		B2	[1 047.18,2 094.48)	68
		B3	[2 094.48,5 890.76)	97
		B4	[5 890.76,+∞)	126
	累积逾期金额	B1	[0,888.65)	47
		B2	[888.65,+∞)	9
	累积逾期次数	B1	[0,2)	105
		B2	[2,+∞)	−204
	累积逾借金额比	B1	[0,0.235)	67
		B2	[0.235,+∞)	−83

为检验评分表的实际运用效果，运用评分表对本文的 46 598 条业务数据进行评分测试，并结合每笔业务实际逾期情况进行检验，得到各分数段的逾期率，如图 1 所示。该结果说明，运用评分表进行评分，能够准确地反映网贷业务的信用风险。

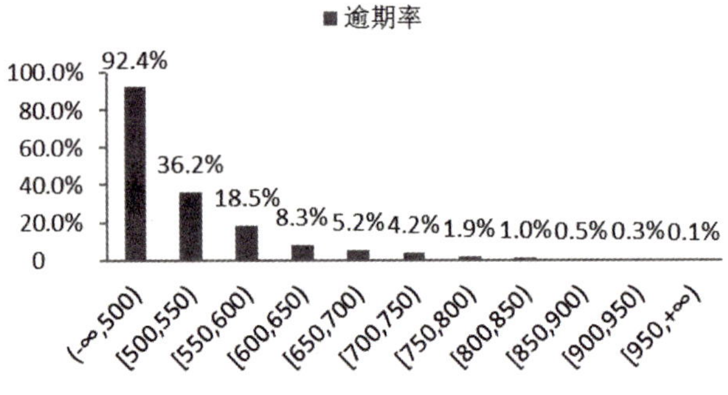

图 1　各分数段逾期率

五、结论与建议

本文采集了速溶 360 的全量网贷业务数据，通过对变量的分箱处理和 WOE 赋值，运用 Logistic 回归建立了大学生 P2P 网贷的信用风险度量模型，并进而设计了该类 P2P 网贷的信用评分卡。通过检验，评分卡能较准确地反映网贷信用风险。因此，本文的研究对于提升出借人风险识别能力，改善平台风险管理水平有着重要的意义。

大学生 P2P 网贷自诞生之日起就始终在争议中前行。一部分观点认为它的出现会扭曲大学生的消费观，扩大其消费欲望，容易对大学生的信用记录产生不利影响。而另一部分观点则认为，大学生网贷借款便捷，部分地解决了大学生创业、学习培训、购物等资金需求问题，有利于学生提高信用意识。本文认为，对于大学生 P2P 网贷这样的互联网金融新业务，不应简单列举其利弊，而应充分考虑其市场需求及其在市场经济中的作用，去弊兴利，完善行业风险评价体系，并进而促使行业健康发展。基于本文模型的视角，我们认为以下几个方面是大学生 P2P 网贷市场健康有序发展的当务之急。

(1) 整合数据资源，健全风控体系。我国应加快建设互联网金融数据库与高校学生信息数据库互访平台，强化信息的采集与更新机制，建立和完善信息归集、激励和共享机制，并以此为基础，充分兼顾大学生参与互联网金融的历史信用信息，以及校内的 GPA、出勤率、公益活动参与率等日常行为信息，完善大学生个人信用评价体系和网贷业务的信用评价体系，从而加强该领域的风险。

(2) 出台政策细则，强化市场监管。2015 年 7 月 18 日，由央行会同有关部委牵头，起草、制定了《关于促进互联网金融健康发展的指导意见》并对外发布，从此互联网金融再也不是监管的空白。然而此次的指导意见更多的是原则性描述，对于更为具体的大学生 P2P 网贷业务，缺乏更为具体的标准。如信息披露的时效和范围、网贷业务上线的门槛、借贷资金的用途监管都应在以后的文件中加以明确，这有利于大学生 P2P 网贷参与各方的信息对称，降低市场风险。

(3) 加强信用教育，培养信用素养。高等教育阶段应重视培养大学生的公民信用素质，通过各种形式开展信用教育，帮助大学生确立信用意识，遵守信用规则。相关教育主管部门应将信用教育纳入高等教育课程体系，研究高等教育阶段的信用教育方案，组织专家编撰符合教育规律、系统的信用读本，针对高校大学生的特点，把基础信用知识、社会信用规则、守信回报和失信惩戒等主要内容授予学生，培养大学生的基本信用素养，这有利于从根本上改善市场信用风险。

参考文献

[1] Klafft M. Peer to peer lending: auctioning microcredits over the internet [C]. Proceedings of the International Conference on Information Systems, Technology and Management, A. Agarwal, R. Khurana, eds., IMT, Dubai. 2008.

[2] Puro L, Teich J E, Wallenius H, et al. Borrower decision aid for people-to-people lending[J]. Decision Support Systems, 2010, 49(1): 52 - 60.

[3] Lin M, Prabhala N R, Viswanathan S. Judging borrowers by the company they keep: friendship networks and information asymmetry in online peer-to-peer lending[J]. Management Science, 2013, 59(1): 17 - 35.

[4] Chen D, Han C. A Comparative Study of online P2P Lending in the USA and China [J]. Journal of Internet Banking and Commerce, 2012, 17(2): 1 - 15.

[5] Lee E, Lee B. Herding behavior in online P2P lending: An empirical investigation[J]. Electronic Commerce Research and Applications, 2012, 11(5): 495 - 503.

[6] 曾江洪，杨帅. P2P借贷出借人的羊群行为及其理性检验——基于拍拍贷的实证研究[J]. 现代财经，2014(7):22 - 32.

[7] 王会娟，廖理.中国P2P网络借贷平台信用认证机制研究——来自“人人贷”的经验证据[J]. 中国工业经济，2014(4):137 - 147.

[8] 张强，吴敏，李立华.基于改进模糊算法的大学生征信评级模型探讨[J]. 教育与经济，2009(2):35 - 39.

[9] 吴开俊，陈宇红. 普通高校国家助学贷款违约风险成因与控制探讨——基于广东省4所高校的实证调查[J].教育与经济，2010(1):34 - 40.

[10] 张凤奕. 大学生助学贷款诚信问题研究[J]. 中国教育学刊，2014(9):70 - 71.

[11] Hillman N W. 2014, College on credit: A multilevel analysis of student loan default [J]. The Review of Higher Education, Vol.37, No.2, pp. 169 - 195.

[12] Webber K L, Rogers S L. 2014, Student Loan Default: Do Characteristics of Four-Year Institutions Contribute to the Puzzle? [J]. Journal of Student Financial Aid, Vol.44, No.2, pp.99 - 124.

[13] Ferreiro J C, Vasquez G N, Basilio E S. 2015, A modelfor the granting of credits and risk estimation inthe agricultural sector[J]. European Scientific Journal, Vol.11, No. 5, pp. 1 - 15.

[14] Nikolic N, Zarkic-Joksimovic N, Stojanovski D, et al. 2013, The application of brute force logistic regression to corporate credit scoring models: Evidence from Serbian financial statements[J]. Expert Systems with Applications, Vol.40, No.15, pp. 5932 - 5944.

附录

附表 1　研究变量定义

变量类别	变量编号	变量名	变量描述
个人基础信息变量(PI)	X_1	性别	借款人的性别
	X_2	学历	借款人当前攻读的学历
	X_3	大学类型	借款人就读大学的类型,其中重点大学是指 985,211 高校
	X_4	户籍省份	借款人户籍所在省份(不含港、澳、台)
当前网贷信息变量(BI)	X_5	借款用途	借款人申请借款时描述的借款用途
	X_6	项目金额	借款金额(元)
	X_7	收益	借款收益金额(元)
	X_8	收益率	借款收益率(%)
	X_9	周期	借款的周期(月)
	X_{10}	月还本息	每月还款的本息总额(元)
	X_{11}	总还款本息	项目金额+收益(元)
历史网贷信息变量(HI)	X_{12}	累积还款金额	至本次借款前,在速溶 360 平台上的还款金额总额(元)
	X_{13}	累积逾期金额	至本次借款前,在速溶 360 平台上的还款逾期金额总额(元)
	X_{14}	累积已还次数	至本次借款前,在速溶 360 平台上的按期还款次数总和(次)
	X_{15}	累积逾期次数	至本次借款前,在速溶 360 平台上的总还款逾期次数(次)
	X_{16}	累积逾借金额比	累积逾期金额/累积借款金额
	X_{17}	累积逾期次数比	累积逾期次数/累积应还款次数

附表2 分类变量的频数统计

变量编号	变量名	类别	频数	百分比(%)	累积百分比(%)
X_1	性别	男	28 344	76.0	76.0
		女	8 935	24.0	100.0
X_2	学历	其他	8	0.0	0.0
		本科	26 640	71.5	71.5
		博士研究生	401	1.1	72.6
		硕士研究生	534	1.4	74.0
		专科	9 620	25.8	99.8
		专升本	76	0.2	100.0
X_3	大学类型	其他	33 817	90.7	90.7
		重点高校	3 462	9.3	100.0
X_4	户籍省份	东部	15 011	40.3	40.3
		中部	10 809	29.0	69.3
		西部	8 210	22.0	91.3
		东北部	3 249	8.7	100.0
X_5	借款用途	创业	6 240	16.7	16.7
		担保交易	1 370	3.7	20.4
		付房租	1 282	3.4	23.9
		购物	10 250	27.5	51.3
		旅游	5 283	14.2	65.5
		其他	2 218	5.9	71.5
		社交娱乐	493	1.3	72.8
		生活开销	4 125	11.1	83.9
		学习进修	6 018	16.1	100.0

注:户籍省份分类参照国务院地区分类规则。

附表 3　连续变量的描述性统计

变量编号	变量名	样本数	最小值	最大值	平均数	标准偏差
X_6	项目金额	37 279	0.77	10 000.00	961.29	458.92
X_7	收益	37 279	0.01	1 024.52	59.32	30.80
X_8	收益率	37 279	0.00%	26.00%	23.28%	4.20%
X_9	周期	37 279	1	12	5.25	1.54
X_{10}	月还本息	37 279	0.13	10 191.67	245.91	300.09
X_{11}	总还款本息	37 279	0.78	10 191.67	1 019.32	482.12
X_{12}	累积还款金额	37 279	0.00	45 955.53	3 207.22	3 959.69
X_{13}	累积逾期金额	37 279	0.00	22 073.74	900.58	2 454.48
X_{14}	累积已还次数	37 279	0	368	17.66	26.67
X_{15}	累积逾期次数	37 279	0	47	1.90	5.19
X_{16}	累积逾借金额比	37 279	0.00	0.85	0.10	0.23
X_{17}	累积逾期次数比	37 279	0.00	1.00	0.12	0.29

附表 4　变量分箱、WOE 与 IV

变量类别	变量名	分箱号	包含类别(分类)和取值范围(连续)	WOE	IV
个人基础信息变量(PI)	性别	B1	男	−0.065 7	0.014 8
		B2	女	0.225 0	
	学历	B1	硕士研究生、博士研究生	1.013 6	0.222 4
		B2	本科	0.290 3	
		B3	专科、专升本、其他	−0.699 1	
	大学类型	B1	其他	−0.075 1	0.074 4
		B2	重点高校	0.997 2	
	户籍省份	B1	东部:北京、天津、河北、上海、江苏、浙江、福建、山东、广东和海南	0.208 4	0.029 3
		B2	中部:山西、安徽、江西、河南、湖北、湖南	−0.091 4	
		B3	西部:内蒙古、广西、重庆、四川、贵州、云南、西藏、陕西、甘肃、青海、宁夏、新疆	−0.116 8	
		B4	东北部:辽宁、吉林、黑龙江	−0.277 4	

（续表）

变量类别	变量名	分箱号	包含类别(分类)和取值范围(连续)	WOE	IV
当前网贷信息变量(BI)	借款用途	B1	担保交易	1.963 6	0.229 0
		B2	其他	1.407 8	
		B3	社交娱乐	0.567 0	
		B4	生活开销	0.440 6	
		B5	付房租	0.110 0	
		B6	旅游	−0.070 4	
		B7	购物	−0.073 9	
		B8	学习进修	−0.171 2	
		B9	创业	−0.476 8	
	项目金额	B1	[0,788.42)	1.850 8	0.375 3
		B2	[788.42,1 000)	0.631 4	
		B3	[1 000,+∞)	−0.218 2	
	收益	B1	[0,28.32)	1.344 3	0.614 0
		B2	[28.32,47.18)	−0.190 2	
		B3	[47.18,69.67)	1.257 6	
		B4	[69.67,77.18)	0.323 4	
		B5	[77.18,+∞)	−0.570 4	
	收益率	B1	[0,0.24)	1.972 3	0.897 8
		B2	[0.24,0.26)	0.927 8	
		B3	[0.26,+∞)	−0.504 8	
	周期	B1	[0,3)	0.702 8	0.043 7
		B2	[3,6)	−0.217 6	
		B3	[6,+∞)	−0.027 3	
	月还本息	B1	[0,179.35)	1.663 5	0.738 1
		B2	[179.35,298.77)	−0.557 7	
		B3	[298.77,+∞)	−0.117 2	
	总还款本息	B1	[0,802.14)	1.854 3	0.720 1
		B2	[802.14,1 047.18)	−0.315 6	
		B3	[1 047.18,1 074.18)	1.275 4	
		B4	[1 074.18,1 077.18)	0.124 7	
		B5	[1 077.18,+∞)	−0.537 0	

（续表）

变量类别	变量名	分箱号	包含类别（分类）和取值范围（连续）	WOE	IV
历史网贷信息变量（HI）	累积还款金额	B1	[0,1 047.18)	−0.895 7	0.565 8
		B2	[1 047.18,2 094.48)	0.317 7	
		B3	[2 094.48,5 890.76)	0.645 5	
		B4	[5 890.76,+∞)	0.970 1	
	累积逾期金额	B1	[0,888.65)	1.070 0	3.762 1
		B2	[888.65,+∞)	−4.691 1	
	累积已还次数	B1	[0,5)	−0.892 2	0.663 6
		B2	[5,18)	0.193 6	
		B3	[18,+∞)	1.152 9	
	累积逾期次数	B1	[0,2)	1.229 3	4.067 9
		B2	[2,+∞)	−4.563 3	
	累积逾借金额比	B1	[0,0.235)	1.074 7	3.833 9
		B2	[0.235,+∞)	−4.779 1	
	累积逾期次数比	B1	[0,0.167)	1.131 1	3.995 3
		B2	[0.167,+∞)	−4.800 6	

The Study of College Students' P2P Lending Credit Risk Measurement in China——Based on the "Surong 360" Lending Data

Chen Yan, Xia Renqing, Fu Yi

Abstract: As the P2P market being subdivided further, the university has become an important market of most P2P lending platform. To measure the credit risk of college students' P2P loan, the whole loan data of "Surong 360" has been collected, and every loan scenarios data has also been reconstructed. By binning and Logistic regression, the P2P credit risk measurement model was established. What's more, after the transformation of the various parameters in the model, the score card was obtained in this paper. To confirm the effectiveness of the score card, the whole lending data from the "Surong 360" was transformed to scores, and we found that overdue rate came down significantly, while the increasing scores level. Therefore, it's helpful to investment decision-making of lenders and credit management of the P2P lending platform.

Key Words: College Students Credit; P2P Lending; Credit Risk

我国保险公司治理有效性研究①
——基于盈利能力视角的实证分析

郝　臣②　杨冬雪③　崔光耀④　秦晓天⑤

摘　要：随着中国保险公司治理实践的深入，治理的合规性得到显著提高，但规范的公司治理能否提高公司的盈利能力，即有效地发挥作用成为新的关注点。文章以中国保险公司为样本，在构建保险公司治理评价指标体系的基础上，从治理总指数、治理合规不同层次和治理合规不同内容三个方面实证检验了中国保险公司治理对盈利能力的影响。研究发现，保险公司治理与中国保险业盈利能力之间没有显著关系，这表明中国保险公司治理有效性有待提高，提高保险公司治理有效性是中国保险公司治理未来改革的方向。

关键词：公司治理；有效性；盈利能力

一、引言

自从1978年改革开放后，公司治理观念开始进入中国，公司治理的发展先后经历了观念导入、结构构建、机制建立和有效性提高四个阶段。在治理结构构建阶段，《公司法》的出台，使公司治理实践有了现实的主体和法律基础，公司开始积极进行治理实践，使治理的合规性得到大幅提高。但各公司只是搭建了

---

① 本项目获国家自然科学基金重点项目(71132001)和国家社科基金青年项目(11CGL045)资助。

② 郝臣(1978—)，管理学博士，副教授，南开大学中国公司治理研究院、南开大学商学院财务管理系。

③ 杨冬雪(1992—)，女，硕士，南开大学商学院，企业管理专业，财务管理方向。

④ 崔光耀(1992—)，硕士，南开大学商学院，企业管理专业，财务管理方向。

⑤ 秦晓天(1991—)，女，硕士，南开大学商学院，企业管理专业，财务管理方向。

公司治理的基本架构，即“三会一层”，治理机制没有很好地发挥作用。于是在治理结构构建阶段，政府围绕如何建立治理机制制定了具体的法律和政策。现在我国公司已经进入了治理有效性提高阶段，提高公司治理有效性成为这一阶段的发展目标。

同样，作为国家治理体系的重要组成部分，保险公司治理也经历了从观念导入、制度建立到全面展开几个阶段。1995 年 6 月，《保险法》颁布，这是新中国成立以来第一部保险基本法。2006 年 1 月 5 日，中国保监会颁布《关于规范保险公司治理结构的指导意见》，引入保险公司治理监管制度，是我国第一个系统的保险公司治理改革的指引性文件，标志着三大监管支柱的形成，我国保险公司治理改革进入全面开展阶段。同年，《国务院关于保险业改革发展的若干意见》（又称保险业“国十条”）发布，从公司治理建设及其监管方面提出明确方向和要求，保险公司制度建设与公司治理改革逐步进入了“合规”建设和向经济型治理转型的新阶段。2011 年发布的《中国保险业发展“十二五”规划纲要》和 2014 年国务院印发的《关于加快发展现代保险服务业的若干意见》（又称新“国十条”），对保险公司治理及其监管提出了更加深入的要求。随着保险公司现代企业制度日益完善，保险公司治理有效性被提上议程。所以本文以保险公司治理有效性为研究主题，重点关注保险公司治理水平的提升是否能够影响公司盈利能力的提升。

本文从保险公司治理与盈利能力关系视角来研究中国保险公司治理的有效性，通过回顾国内外学者对公司治理和盈利能力关系的已有研究，最终选取了资产收益率、净资产收益率、收入净利率、综合费用率和综合赔付率这五个指标来衡量中国保险公司的盈利能力，并构建了保险公司治理评价指标体系，最后使用最小二乘回归分析的方法实证研究了保险公司治理对盈利能力的影响。本文后续内容安排如下：第二部分文献回顾，分别对一般上市公司治理和中国金融机构治理与盈利能力关系的文献进行梳理；第三部分是研究设计，包括变量设计、样本选取以及模型建立；第四部分利用最小二乘回归进行了实证分析；第五部分进行了滞后一期的稳健性分析；最后得出结论与启示。

二、文献综述与研究假设

（一）一般公司治理对盈利能力的影响

公司治理与盈利能力关系按照研究方法大体可以分为基于具体公司治理指标和公司治理整体视角来进行的。从公司治理整体来研究公司治理与盈利能力关系的文献主要是通过构建公司治理指数来研究公司治理与盈利能力的关系，其中包括公司治理指数、经理层、监事会、股权结构、董事会和高管等各个公司治理整体方面的因素。Gompers，Ishii 和 Metrick（2001）用 24 项公司治理条款构建了“公司治理指数”，以 1990—1999 年间美国 1 500 家上市公司为样本，发现公司治理指数和公司价值显著相关。李维安和唐跃军（2006）基于 2003 年的评价样本，从中国上市公司治理指数（$CCGI^{NK}$）及其所涉及的六个维度进行实证研究发现：上市公司治理指数对总资产收益率、每股净资产、加权每股收益、每股经营性现金流量、总资产周转率、总资产年度增长率、财务预警值均有显著的正面影响。李维安和张国萍（2006）以 931 家中国上市公司为样本，构建中国上市公司经理层治理评价指数，认为经理层治理水平的改善，有利于治理绩效的提高。李维安和郝臣（2006）对中国上市公司监事会治理的状况进行了实证分析，认为监事会仍应作为法定的公司监督机构发挥其不可替代的监督作用。陈云洁（2014）认为中小板上市民营企业的股权集中度、机构投资者持股、高管持股与公司财务绩效呈正相关。李志凤（2014）以沪深两市 2012 年 1 011家制造业上市公司为样本，认为公司财务绩效与第二至第五大股东持股比例、机构投资者持股比例、总经理薪酬显著正相关，与第一大股东持股比例关系不显著。杨虎锋和何广文（2014）认为小额贷款公司的财务绩效与股东类型关系不显著，与董事会规模负相关，与外部监管和市场竞争等外部治理机制关系不显著。刘振（2015）以中国沪深两市 A 股上市公司为样本，认为公司财务绩效与董事会规模、独立董事独立性和董事会会议次数显著正相关，与董事会持股比例具有显著的“倒 U 形”关系。

综上所述，通过梳理研究学者们对一般公司治理对公司盈利能力影响的相关研究可以发现，学者们多以净资产收益率、销售净利率或净利润增长率作为被解释变量衡量盈利能力，而公司治理指数及分指数大多数与一般公司盈利能力的影响具有显著的相关关系，说明一般公司治理与公司盈利能力密切相关，良好有效的公司治理可以为公司创造价值。

（二）金融机构治理对盈利能力的影响

金融机构具有经营产品、盈利模式的特殊性，所以在研究公司治理与盈利能力的影响时，大多将其排除在外。但金融机构作为国民经济的强力发动机，对其盈利能力的影响因素研究更具有现实意义。对于银行的研究，刘铎、张彦明和刘斯文(2014)认为商业银行股权集中程度较高时，大股东会利用手中的表决权伤害小股东的利益；商业银行董事会规模、监事会规模对财务绩效无显著影响；商业银行独立董事比例越高，其财务绩效越好。而本文从另一重要的金融机构——保险公司出发，着重关注其治理对盈利能力的影响。Huang，Hsia和Lai(2007)以台湾人寿保险业为样本，发现财务绩效与管理者持股比例、家族控制企业、国外分支保险机构和保险公司成立时间显著正相关。庄宏献和叶正茂(2005)认为保险公司的经营绩效不但与公司股份的所有制性质密切相关，而且也与非国有股份的集中度有一定关系；保险公司改制上市也对公司经营绩效产生了明显的积极作用。李双杰和杨熠(2008)对2006年国内35家保险公司进行了绩效分析，认为保险公司的规模大小以及股权结构的不同对保险公司的经营绩效有着显著的影响，而高学历人才的比例与公司业务种类这两种因素对保险公司经营绩效没有显著影响。谢晓霞和李进(2009)选取中国上市保险公司2007年和2008年的年报表数据和中期报表数据，认为保险公司业绩与政府持股比例和高管持股比例正相关，与境外战略投资者持股负相关，与董事会规模负相关，与独立董事以及具有金融从业经验的独立董事关系不显著。王晓英和彭雪梅(2011)考察了从2008年第一季度到2010年第三季度两家国有上市保险公司股权结构对经营绩效的影响，认为股权集中度太高反而不利于绩效的提高；外资持股与经营绩效负相关；高管持股与公司绩效负相关。Yemane，Raju & Raju(2015)利用2009—2013年的面板数据，考察了公司治理机制对埃塞俄比亚保险公司绩效的影响。其研究的结果表明，董事会会议次数和董事薪酬对保险公司净资产收益率具有正相关关系，但是董事会规模、审计委员会和性别多样化对公司业绩没有任何显著影响。江津和王凯(2015)基于2007—2013年保险行业上市公司的季报和年报数据，通过对检验结果的分析发现，中国保险公司治理机制经过近十多年的建设取得了较大成就，一些治理机制的有效性得到充分发挥。王艳、李洋和叶璐莹（2015）关注保险公司的价值问题，从保险公司权益价值入手，发现盈利能力、会计信息质量、增长前景、宏观经济及保险行业发展等五方面的保险公司价值驱动因素。

综上所述，越来越多的学者从盈利能力视角研究金融机构治理的有效性。研究对象方面，由于我国上市保险公司较少，目前只有4家，所以基于保险业的相关研究相对较少；已有研究也多以上市保险公司为研究样本。研究内容方面，从已有文献的研究可以看出，大部分文献从股权结构和董事会等公司治理具体要素方面进行实证研究，研究结论上对保险公司治理有效性持肯定态度，认为公司治理能够改善公司运作，从而提高盈利能力，但缺少从公司治理整理角度检验其对盈利能力影响的研究。

（三）研究假设

为了弥补已有研究样本选择、变量设计等方面的不足，本文基于我国保险公司全行业样本，构建了我国保险公司治理评价指标体系，利用公司治理指数来衡量公司治理水平，从盈利能力视角检验我国保险公司治理的有效性。通过对十年来国内外关于公司治理与盈利能力关系的研究可以看出，对于公司治理与盈利能力的关系存在着两种观点，其一是二者之间存在一定的关系，这其中又分为线性关系和非线性关系两种观点，线性关系中又分为正相关和负相关两种，非线性关系中分为U形关系和倒U形关系两种；另一种观点是公司治理与盈利能力之间不存在任何关系。总体来说，较多的文献支持第一种观点，即公司治理结构与机制发挥了有效作用，治理有效性随着治理实践的深入得到了显著提高。所以本文基于以上分析，提出如下假设：保险公司治理水平与公司盈利能力之间存在正相关关系。

三、研究设计

（一）变量设计

1. 被解释变量

本文选取资产收益率、净资产收益率、收入净利率、综合费用率和综合赔付率五个保险公司盈利能力方面的财务指标作为被解释变量。其中，资产收益率

＝净利润/资产总额;净资产收益率＝净利润/权益总额;收入净利率＝净利润/营业收入;综合费用率＝综合费用/已赚保费;综合赔付率＝综合赔付款/已赚保费。

2. 解释变量

针对中国保险公司治理的特殊性及其面临的制度背景,在吸收借鉴国外有关治理评价体系的基础上,参考中国保监会《保险公司治理报告》中"公司治理评价"所给出的100个公司治理评价指标,本文设计了一套分股份制和有限制保险公司组织形式的符合中国保险公司特点的基于治理内容和治理层次的保险公司治理评价系统。

在指标选择方面,基于公司治理评价报告100个评价指标的基础,删除了偏经营或者区分度较小的8个评价指标,具体如下:主要股东在过去三年是否连续亏损;是否收集并及时更正关联方信息;是否存在在业务计划执行末期调整考核标准的情形;是否采取审计集中制或垂直管理;是否建立了审计问题整改的跟踪、督促制度;内审结果是否在被审计对象的考核任免中得到体现;是否建立了人事、财务和审计等重要岗位的委派制度;最近三年是否有董事高管及外部审计机构非正常变更。同时引入是否引入战略投资者、是否实施股权激励和是否有信息披露制度3个公司治理评价指标。经过调整以后,最后剩余评价指标95个,如表1所示。

在指标维度分类方面,本文分为治理内容和治理层次两个方面。基于治理内容方面,根据评价指标内涵,将适用于股份制的95个评价指标和适用于有限制的55个评价指标分为不同的治理维度,其中股份制保险公司包括股东治理基础、董事会治理基础、监事会治理基础、高管治理基础、新三会、董监高、内外部审计和外部监管八个维度;有限制保险公司包括股东治理基础、董事治理基础、高管治理基础、董监高、内外部审计和外部监管六个维度。基于治理层次方面,我们界定了治理合规的含义,即公司治理活动中遵从有关公司治理法律法规政策的情况,包括自主合规和强制合规两个层次,在治理评价指数方面相应包括自主合规指数和强制合规指数。保险公司治理评价指标体系如表1所示。

表 1　我国保险公司治理评价指标体系

编号	评价指标名称	指标方向	是否通用	治理维度	合规层次
1	章程形式、内容是否健全、合规	正向	通用	股东治理基础	强制合规
2	章程修改是否按规定进行审批	正向	通用	股东治理基础	强制合规
3	股权变更是否按规定进行审批	正向	通用	股东治理基础	强制合规
4	股权变更是否按规定进行备案	正向	通用	股东治理基础	强制合规
5	董事、监事及高管人员任职资格是否均经核准	正向	通用	董监高	强制合规
6	是否按规定报送会议通知	正向	通用	外部监管	强制合规
7	是否按规定报送会议决议	正向	通用	外部监管	强制合规
8	是否制定关联交易管理制度	正向	通用	股东治理基础	强制合规
9	关联交易管理制度是否报保监会备案	正向	通用	外部监管	强制合规
10	是否存在发生重大关联交易未按规定报告或报批(外资)的情况	反向	通用	外部监管	强制合规
11	董事、监事及高管人员离职是否及时报告	正向	通用	董监高	强制合规
12	是否按规定报备独立董事公开声明	正向	股份制专用	董事会治理基础	强制合规
13	是否按规定报送公司治理报告	正向	通用	外部监管	强制合规
14	公司治理报告内容是否真实完整	正向	通用	外部监管	强制合规
15	独立董事人数是否达到保监会要求	正向	股份制专用	董事会治理基础	强制合规
16	是否按规定设立审计委员会	正向	股份制专用	董事会治理基础	强制合规
17	是否按规定设立提名薪酬委员会	正向	股份制专用	董事会治理基础	强制合规
18	职工监事比例是否符合法律规	定正	向股份制专用	监事会治理基础	强制合规

（续表）

编号	评价指标名称	指标方向	是否通用	治理维度	合规层次
19	职工监事产生办法是否符合法律规定	正向	股份制专用	监事会治理基础	强制合规
20	董事是否因未亲自出席会议被书面提示	反向	股份制专用	董事会治理基础	强制合规
21	是否制定单独的股东(大)会、董事会和监事会议事规则	正向	股份制专用	新三会	强制合规
22	会议召开次数是否符合法律及监管要求	正向	股份制专用	新三会	强制合规
23	是否存在会议程序不合规情况	反向	股份制专用	新三会	强制合规
24	会议记录是否完整并永久保存	正向	股份制专用	新三会	强制合规
25	是否按规定设立总精算师	正向	通用	高管治理基础	强制合规
26	是否按规定设立合规负责人	正向	通用	高管治理基础	强制合规
27	是否按规定设立财务负责人	正向	通用	高管治理基础	强制合规
28	是否按规定设立审计负责人(有明确强制性规定且评价标准明确)	正向	通用	高管治理基础	强制合规
29	是否按规定设立董事会秘书	正向	股份制专用	董事会治理基础	强制合规
30	是否存在董事长、总经理或关键岗位长期空缺的情况	反向	通用	董监高	强制合规
31	是否有关联交易未按规定进行内部审查	反向	通用	内外部审计	强制合规
32	是否每年对关联交易进行审计	正向	通用	内外部审计	强制合规
33	是否有管理层或分公司高管人员离任未做审计	反向	通用	高管治理基础	强制合规
34	是否存在不能及时出具外审报告的情形	反向	通用	内外部审计	强制合规

（续表）

编号	评价指标名称	指标方向	是否通用	治理维度	合规层次
35	是否发生过董事和高管人员违反公司章程、股东会决议及董事会决议的情形	反向	通用	董监高	强制合规
36	是否有明确制度规定董事、监事及高管人员的责任追究	正向	通用	董监高	强制合规
37	是否有股东(大)会或董事会决议违反法律或内部授权规定	反向	股份制专用	新三会	强制合规
38	是否存在公司资产被挪用或侵占的情况	反向	通用	内外部审计	强制合规
39	最近三年是否有年度财务报告被出具有保留意见或被拒绝发表意见	反向	通用	内外部审计	强制合规
40	最近三年是否有主要高管人员因经济犯罪问题被双规或司法处理	反向	通用	董监高	强制合规
41	最近三年是否有股东之间严重对立导致公司董事会会议长期不能正常召开	反向	股份制专用	股东治理基础	强制合规
42	是否有信息披露制度	正向	通用	外部监管	强制合规
43	股东(大)会、董事会和管理层的职责是否清晰	正向	股份制专用	股东治理基础	自主合规
44	对主要负责人的授权是否明确	正向	通用	董监高	自主合规
45	对主要负责人的授权是否过于集中	反向	通用	董监高	自主合规
46	重大决策是否有明确数量标准	正向	通用	董事会治理基础	自主合规

（续表）

编号	评价指标名称	指标方向	是否通用	治理维度	合规层次
47	是否有明确的重大决策审议程序并实际执行	正向	通用	董事会治理基础	自主合规
48	是否有明确制度界定各部门职责分工	正向	通用	内外部审计	自主合规
49	公司的IT系统能否对分支机构的财务、业务进行有效的监控	正向	通用	内外部审计	自主合规
50	主要股东是否频繁变更	反向	通用	股东治理基础	自主合规
51	董事的能力和经验是否胜任	正向	通用	董事会治理基础	自主合规
52	董事会的专业结构是否合理	正向	股份制专用	董事会治理基础	自主合规
53	监事会的专业结构是否合理	正向	股份制专用	监事会治理基础	自主合规
54	管理层成员的经验和管理能力是否胜任	正向	通用	高管治理基础	自主合规
55	管理层成员的配合是否协调	正向	通用	高管治理基础	自主合规
56	是否建立了董事、监事和高管人员培训制度并严格执行	正向	通用	董监高	自主合规
57	董事会及管理层成员是否频繁变动	反向	通用	董监高	自主合规
58	是否定期充分公平地向股东报送公司业务、财务和管理信息	正向	通用	股东治理基础	自主合规
59	是否存在未及时充分地向股东披露公司重大事项的情况	反向	通用	股东治理基础	自主合规
60	是否定期向董事报送公司业务、财务和管理信息	正向	股份制专用	专用董事会治理基础	自主合规
61	是否针对公司会计政策合规性和真实性进行讨论	正向	通用	专用董事会治理基础	自主合规
62	是否存在董事对公司重大事项不知情的情况	反向	股份制专用	专用董事会治理基础	自主合规

（续表）

编号	评价指标名称	指标方向	是否通用	治理维度	合规层次
63	董事会会议是否对议案进行详细说明	正向	股份制	专用董事会治理基础	自主合规
64	董事是否相互信任、相互尊重，积极健康地讨论议案	正向	通用	专用董事会治理基础	自主合规
65	董事是否积极发言并提出有价值的专业性意见或建议	正向	股份制专用	专用董事会治理基础	自主合规
66	董事会是否制定清晰的公司战略目标并定期检视	正向	股份制专用	专用董事会治理基础	自主合规
67	董事会是否定期审查管理层对业务、财务计划的执行情况	正向	股份制专用	专用董事会治理基础	自主合规
68	董事会是否及时、认真制定公司经营预算和财务预算	正向	股份制专用	专用董事会治理基础	自主合规
69	董事会是否积极推动公司建立风险管理体系	正向	股份制专用	专用董事会治理基础	自主合规
70	是否要求管理层定期报告风险管理工作及公司风险状况	正向	股份制专用	专用董事会治理基础	自主合规
71	是否定期对公司风险状况进行全面评估并跟踪整改情况	正向	股份制专用	专用董事会治理基础	自主合规
72	董事长与总经理间工作的沟通配合是否顺畅、协调	正向	通用	专用董事会治理基础	自主合规
73	是否及时召开会议对重大事项进行专题审议	正向	股份制专用	专用董事会治理基础	自主合规
74	对重大事项是否进行深入讨论形成专业意见并对风险做充分提示	正向	股份制专用	专用董事会治理基础	自主合规
75	独立董事是否有充分的独立性	正向	股份制专用	专用董事会治理基础	自主合规

（续表）

编号	评价指标名称	指标方向	是否通用	治理维度	合规层次
76	是否存在独立董事因审议事项资料不充分要求补充资料或要求延期审查情形	反向	股份制专用	专用董事会治理基础	自主合规
77	独立董事是否能有效地利用自己的知识、经验和专业技术帮助公司解决所面临的问题	正向	股份制专用	专用董事会治理基础	自主合规
78	独立董事能否与其他董事进行有效沟通，并保持独立判断	正向	股份制专用	专用董事会治理基础	自主合规
79	独立董事是否说明弃权或反对的原因	正向	股份制专用	专用董事会治理基础	自主合规
80	是否有独立董事意见不被接受的情形	反向	股份制专用	专用董事会治理基础	自主合规
81	是否召开过只有独立董事参加的会议研讨重大事项	正向	股份制专用	专用董事会治理基础	自主合规
82	薪酬水平是否与公司业务规模、盈利状况相匹配	正向	通用	董监高	自主合规
83	考核指标是否纳入偿付能力、企业价值、业务质量及风险等因素	正向	通用	高管治理基础	自主合规
84	考核结果是否能科学反映高管人员对公司的贡献	正向	通用	高管治理基础	自主合规
85	高管人员薪酬考核指标是否由薪酬委员会主导制定	正向	股份制专用	高管治理基础	自主合规
86	薪酬管理程序是否严格明确	正向	通用	董监高	自主合规
87	是否建立和落实董事会自我评价制度	正向	股份制专用	专用董事会治理基础	自主合规
88	是否有明确制度规定高管人员职务消费并有效执行	正向	通用	高管治理基础	自主合规

（续表）

编号	评价指标名称	指标方向	是否通用	治理维度	合规层次
89	监事会是否对董事会决议提出意见或建议	正向	股份制专用	监事会治理基础	自主合规
90	监事会是否对高管人员进行监督谈话或调查	正向	股份制专用	监事会治理基础	自主合规
91	审计人员数量和结构是否符合监管要求或满足工作需要	正向	通用	内外部审计	自主合规
92	是否存在主要业务单位连续两年未被审计的情况	反向	通用	内外部审计	自主合规
93	是否建立通畅的举报机制并及时处理举报	正向	通用	内外部审计	自主合规
94	是否引入战略投资者	正向	通用	股东治理基础	自主合规
95	是否实施股权激励	正向	通用	董监高	自主合规

在评价标准的设计方面，使用国际上公司治理文献中最常用到的量化公司治理的方法对其评价标准量化赋值，对于正向指标，“是”赋值 1，“否”赋值 0；对于反向指标，“是”赋值 0，“否”赋值 1。

在确定权重系数方面，基于治理内容的治理指数考虑到各个分指数重要性的不同，分别赋予不同的权重。股份制保险公司中，股东治理基础分指数为 10%，董事会治理基础分指数为 25%，监事会治理基础分指数为 5%，高管治理基础分指数为 15%，新三会分指数为 10%，董监高分指数为 10%，内部审计分指数为 12.5%，外部治理分指数为 12.5%；有限制保险公司中，股东治理基础分指数为 15%，董事治理基础分指数为 15%，高管治理基础分指数为 20%，董监高分指数为 20%，内部审计分指数为 15%，外部治理分指数为 15%。基于治理层次的治理指数不涉及权重系数的确定。

在治理指数的合成方面，首先是进行简单求和，即对各分指数得分求和，获得各分指数的得分情况。然后，进行标准化处理，各保险公司治理评价分指数得分除以该指数所含指标个数再乘以 100%，处理后的各分指数得分最小值为

0,最大值为100。最后,将标准化后的8个分指数得分乘以各自权重再求和,获得保险公司治理评价总指数,其最小值为0,最大值为100。通过比较该总指数的高低来评价各保险公司治理水平。具体评价标准和指数的描述性统计参考郝臣(2015)。

3. 控制变量

本文选取的控制变量包括资本性质、险种类型、组织形式和成立年限四个,前三个均用哑变量表示。其中,1为中资,0为外资;1为财产险,0为人身险;1为股份制,0为有限制。最后,成立年限=统计年份-设立年份+1。

具体变量简称及定义如表2所示。

表2 变量定义

变量类型	变量名称	变量简称
被解释变量	资产收益率	*ROA*
	净资产收益率	*ROE*
	收入净利率	*NRI*
	综合费用率	*CCR*
	综合赔付率	*CPR*
	资产收益率滞后一期	ROA_{t-1}
	净资产收益率滞后一期	ROE_{t-1}
	收入净利率滞后一期	NRI_{t-1}
	综合费用率滞后一期	CCR_{t-1}
	综合赔付率滞后一期	CPR_{t-1}
解释变量	保险公司治理指数	*IGI*
	强制合规指数	*CCI*
	自主合规指数	*ACI*
	股东治理基础分指数	*IGI*1
	董事会治理基础分指数	*IGI*2
	监事会治理基础分指数	*IGI*3
	高管治理基础分指数	*IGI*4
	董监高分指数	*IGI*5
	新三会分指数	*IGI*6
	内外部审计分指数	*IGI*7
	外部监管分指数	*IGI*8

（续表）

变量类型	变量名称	变量简称
控制变量	资本性质	*ZBXZ*
	险种类型	*XZLX*
	组织形式	*ZZXS*
	成立年限	*Age*

（二）数据来源和样本选取

本文研究样本为中国全部的保险公司，研究数据中各保险公司基本信息和财务数据是根据对应年份《中国保险公司年鉴》中相关数据手工整理计算所得。各保险公司公司治理相关数据来源于课题组调研。

（三）模型设计

为了实证检验中国保险公司治理对保险公司盈利能力的影响，本部分设计了以下模型，分别从保险公司治理指数、保险公司治理合规性不同层次和保险公司治理合规性不同内容三个方面检验其影响。

$$DVariable_i = \alpha_i + \beta_{i1} IGI + \beta_{i2} ZBXZ + \beta_{i3} XZLX + \beta_{i4} ZZXS + \beta_{i5} Age + \varepsilon_i \quad (1)$$

$$DVariable_i = \alpha_i + \beta_{i1} CCI + \beta_{i2} ACI + \beta_{i3} ZBXZ + \beta_{i4} XZLX + \beta_{i5} ZZXS + \beta_{i6} Age + \varepsilon_i \quad (2)$$

$$DVariable_i = \alpha_i + \beta_{i1} CCI + \beta_{i2} ZBXZ + \beta_{i3} XZLX + \beta_{i4} ZZXS + \beta_{i5} Age + \varepsilon_i \quad (3)$$

$$DVariable_i = \alpha_i + \beta_{i1} ACI + \beta_{i2} ZBXZ + \beta_{i3} XZLX + \beta_{i4} ZZXS + \beta_{i5} Age + \varepsilon_i \quad (4)$$

$$DVariable_i = \alpha_i + \beta_{i1} IGI1 + \beta_{i2} IGI2 + \beta_{i3} IGI3 + \beta_{i4} IGI4 + \beta_{i5} IGI5 + \beta_{i6} IGI6 + \beta_{i7} IGI7 + \beta_{i8} IGI8 + \beta_{i9} ZBXZ + \beta_{i10} XZLX + \beta_{i11} ZZXS + \beta_{i12} Age + \varepsilon_i \quad (5)$$

$$DVariable_i = \alpha_i + \beta_{i1} IGI1 + \beta_{i2} IGI2 + \beta_{i3} IGI4 + \beta_{i4} IGI5 + \beta_{i5} IGI7 + \beta_{i6} IGI8 + \beta_{i7} ZBXZ + \beta_{i8} XZLX + \beta_{i9} ZZXS + \beta_{i10} Age + \varepsilon_i \quad (6)$$

上式中 $i=1,2,3,4$ 和 5 分别表示被解释变量为 *ROA*、*ROE*、*NRI*、*CCR* 和 *CPR* 时的模型形式。其中式(1)是用来检验总体上保险公司治理指数对其盈利能力的影响，式(2)到式(4)是用来检验保险公司治理合规性不同层次对其盈利能力的影响，式(5)和式(6)是用来检验保险公司治理合规性的不同内容对其盈利能力的影响。

四、实证分析

（一）描述性统计

本部分首先分别进行了五个被解释变量 *ROA*、*ROE*、*NRI*、*CCR* 和 *CPR* 的描述性统计，具体如表3所示。

表3　被解释变量描述性统计

年份	2009	2010	2011	2012	合计
样本总量	74	83	83	86	326
ROA	−0.02	−0.02	−0.02	−0.01	−0.02
ROE	−0.13	0.01	−0.17	−0.07	−0.09
NRI	−0.08	−0.11	−0.10	−0.04	−0.08
CCR	0.51	0.54	0.48	0.43	0.49
CPR	0.38	0.40	0.40	0.39	0.39

（二）实证结果

1. 保险公司公司治理指数与盈利能力

根据式(1)，本部分使用最小二乘回归分析的计量方法检验保险公司治理指数对保险公司盈利能力的影响，实证结果如表4所示。

表4　保险公司治理指数对盈利能力的影响实证结果

模型变量	*ROA*	*ROE*	*NRI*	*CCR*	*CPR*
(Constant)	(−0.08) ***	−0.62	(−0.33) ***	(0.57) ***	0.31
IGI	0.01	0.01	0.01	0.01	−0.01
ZBXZ	−0.01	−0.16	0.05	−0.04	−0.07
XZLX	0.01	−0.02	0.04	0.04	(0.61) ***
ZZXS	(0.03) **	0.11	0.05	−0.07	−0.01
Age	(0.01) ***	(0.05) ***	(0.02) ***	(−0.02) ***	−0.01
F	(8.19) ***	(3.06) ***	(6.54) ***	(2.45) **	(22.24) ***
$Adj-R^2$	0.16	0.05	0.13	0.04	0.37

根据实证结果我们可以发现，保险公司治理指数与五个反映保险公司盈利能力的指标均没有显著的关系；控制变量中险种类型与综合赔付率正相关且显著，组织形式与资产收益率正相关且显著，成立年限与 *ROA*、*ROE* 和 *NRI* 正相关且显著，与 *CCR* 负相关且显著。这说明整体上保险公司治理水平对其盈利能力没有显著的影响。从具体指标来看，财产险公司综合赔付率比人身险公司高，盈利能力差；股份制保险公司资产收益率比有限制保险公司高，盈利能力好；成立年限越长的保险公司资产收益率、净资产收益率和收入净利率均越高，综合费用率越低，盈利能力越好。

2. 保险公司治理合规性不同层次与盈利能力

从保险公司治理合规性的不同层次来看，可以分为强制合规和自主合规两大类。本部分根据式(2)到式(4)使用最小二乘法估计对保险公司治理合规性不同层次对其盈利能力的影响进行了实证研究，结果如表 5 到表 7 所示。

表 5　保险公司治理合规性对盈利能力影响实证结果

模型变量	*ROA*	*ROE*	*NRI*	*CCR*	*CPR*
(Constant)	(−0.08)***	−0.65	(−0.29)***	(0.58)***	0.26
CCI	0.01	0.01	−0.01	0.01	0.01
ACI	0.01	−0.01	0.01	0.01	0.01
ZBXZ	0.01	0.16	0.05	−0.04	−0.07
XZLX	0.01	−0.02	(0.04)**	0.04	(0.61)***
ZZXS	(0.03)**	0.12	0.05	−0.07	0.01
	(0.00)***	(0.00)***	(0.00)***	(0.01)***	−0.49
F	(6.99)***	(2.57)**	(5.71)***	2.02	(18.56)***
$Adj-R^2$	0.16	0.05	0.13	0.03	0.36

表 6　保险公司治理强制合规性对盈利能力影响实证结果

模型变量	*ROA*	*ROE*	*NRI*	*CCR*	*CPR*
(Constant)	(−0.07)***	−0.66	(−0.28)***	(0.58)***	0.24
CCI	−0.01	0.01	0.01	0.01	0.01

（续表）

模型变量	*ROA*	*ROE*	*NRI*	*CCR*	*CPR*
ZBXZ	−0.01	−0.16	0.05	−0.04	−0.07
XZLX	0.01	−0.02	0.04	0.04	(0.61)**
ZZXS	(0.03)**	0.11	0.06	−0.07	−0.01
Age	(0.01)***	(0.05)**	(0.02)***	(−0.02)***	−0.01
F	(8.13)***	(3.09)***	(6.47)***	(2.44)**	(22.04)***
*Adj-R*2	0.16	0.05	0.13	0.04	0.36

表7　保险公司治理自主合规性对盈利能力影响实证结果

模型变量	*ROA*	*ROE*	*NRI*	*CCR*	*CPR*
(Constant)	(−0.09)***	−0.54	(−0.35)***	(0.59)***	0.31
ACI	0.01	0.01	0.01	0.01	0.01
ZBXZ	−0.01	−0.15	0.05	−0.04	−0.07
XZLX	0.01	−0.02	0.04	0.04	(0.61)***
ZZXS	(0.03)**	0.1	0.05	−0.07	0.01
	0.04	−0.58	−0.33	−0.45	−0.98
Age	(0.03)***	(0.05)**	(0.02)***	(−0.02)***	−0.01
F	(8.27)***	(3.02)***	(6.68)***	(2.43)**	(22.35)***
$Adj-R^2$	0.17	0.05	0.13	0.04	0.37

根据实证结果，我们可以发现，从整体上来看，保险公司治理合规性的不同层次对其盈利能力没有显著的影响。控制变量中组织形式与资产收益率正相关且显著，险种类型与综合赔付率正相关且显著，成立年限与 *ROA*、*ROE* 和 *NRI* 正相关且显著，与 *CCR* 负相关且显著。这说明整体上保险公司治理合规性水平对其盈利能力没有显著的影响从具体指标来看，财产险公司综合赔付率比人身险公司高，盈利能力差；股份制保险公司资产收益率比有限制保险公司高，盈利能力好；成立年限越长的保险公司资产收益率、净资产收益率和收入净利率均越高，综合费用率越低，盈利能力越好。

3. 保险公司治理合规性不同内容与盈利能力

从保险公司治理合规性的不同内容来看，可以分为股东治理基础分指数、董事会治理基础分指数、监事会治理基础分指数、高管治理基础分指数、董监高分指数、新三会分指数、内外部审计分指数和外部监管分指数八大类。其中监事会治理基础分指数和新三会分指数不适用于有限制保险公司。本部分按照组织形式将样本分为股份制保险公司和有限制保险公司，根据式(5)和式(6)使用最小二乘回归分析的计量方法对保险公司治理合规性不同内容对其盈利能力的影响进行了实证研究，结果如表8和表9所示。

表8　股份制保险公司治理对盈利能力影响实证结果

模型变量	*ROA*	*ROE*	*NRI*	*CCR*	*CPR*
(Constant)	−0.1	(−1.64) **	(−0.48) **	(0.89) ***	0.38
*IGI*1	0.01	0.01	0.01	0.01	0.01
*IGI*2	0.01	0.01	(−0.01) **	0.01	0.01
*IGI*3	0.01	0.01	0.01	0.01	0.01
*IGI*4	0.01	0.01	0.01	−0.01	0.01
*IGI*5	0.01	0.01	0.01	0.01	0.01
*IGI*6	0.01	0.01	(0.01) **	(−0.01) ***	0.01
*IGI*7	0.01	−0.01	0.01	0.01	0.01
*IGI*8	0.01	0.01	0.01	0.01	0.01
ZBXZ	−0.02	(−0.37) **	−0.02	−0.02	−0.11
XZLX	0.01	−0.3	−0.03	−0.05	(0.57) ***
Age	(0.01) ***	(0.08) **	(0.02) **	(−0.03) **	0.01
F	1.78	1.7	(2.62) ***	1.53	(4.81) ***
$Adj-R^2$	0.10	0.09	0.18	0.07	0.35

表9　有限制保险公司治理对盈利能力影响实证结果

模型变量	*ROA*	*ROE*	*NRI*	*CCR*	*CPR*
(Constant)	−0.04	−0.07	−0.1	0.31	0.39
	−0.34	−0.91	−0.52	−0.42	−0.4
*IGI*1	0.01	−0.02	0.01	0.01	0.01
	−0.09	0	−0.58	−0.43	−0.67
*IGI*2	0.01	0.01	0.01	0.01	0.01
	−0.25	−0.04	−0.56	−0.68	−0.97
*IGI*4	0.01	0.01	0.01	0.01	−0.01
	−0.49	−0.33	−0.37	−0.73	−0.17
*IGI*5	0.01	0.01	0.01	0.01	0.01
	−0.11	−0.72	−0.56	−0.68	−0.37
*IGI*7	0.01	0.01	0.01	0.01	0.01
	−0.61	−0.54	−0.8	−0.58	−0.45
*IGI*8	−0.01	−0.24	−0.06	0.17	−0.07
	−0.61	−0.52	−0.55	−0.51	−0.8
ZBXZ	−0.01	−0.24	−0.06	0.17	−0.07
	−0.61	−0.52	−0.55	−0.51	−0.8
XZLX	(0.03)***	(0.22)**	(0.08)***	0.02	(0.66)***
Age	(0.01)***	0.02	(0.01)**	−0.01	−0.01
F	(3.90)***	(2.29)**	(2.26)**	0.43	(7.84)***
$Adj-R^2$	0.20	0.10	0.010	−0.05	0.37

根据实证结果，我们可以发现，从整体来看，保险公司治理合规性的不同内容对盈利能力没有显著的影响。控制变量中股份制保险公司的资本性质与*ROE*负相关且显著，险种类型与*CPR*正相关且显著，成立年限与*ROA*、*ROE*和*NRI*正相关且显著，与*CCR*负相关且显著；有限制保险公司的险种类型与*ROA*、*ROE*、*NRI*和*CCR*正相关且显著，成立年限与*ROA*和*NRI*正相关且显著，而其余控制变量并不显著。这说明保险公司治理合规性的不同内容对其盈利能力没有显著的影响。股份制保险公司中，中资公司的*ROE*比外资公司

低，盈利能力差，财产险公司的 *CPR* 比人身险公司高，盈利能力差，成立年限越长的保险公司 *ROA*、*ROE* 和 *NRI* 越高，*CCR* 越低，盈利能力越好；有限制保险公司中，财产险公司的 *ROA*、*ROE*、*NRI* 和 *CCR* 比人身险公司高，收益率提高的同时费用率也有所提高，故盈利能力结果不确定，成立年限越长的保险公司 *ROA* 和 *NRI* 越高，盈利能力越好。

五、稳健性检验

为了保证前文实证结果的稳健性，本部分进行了稳健性检验，使用滞后一期的被解释变量作为新的被解释变量重新进行了实证分析与检验，结果如表10 到表 14 所示。稳健性检验的结果与之前的实证结论基本一致，验证了本文实证结果的稳健性。

表 10　保险公司治理对 *ROA* 影响稳健性检验结果

模型变量	*IGI*	合规性	*CCI*	*ACI*	股份制	有限制
(Constant)	(−0.07)***	(−0.06)***	(−0.06)***	(−0.06)***	(−0.15)**	−0.02
IGI	0.01					
CCI		0.01	0.01			
ACI		0.01		0.01		
*IGI*1					0.01	(0.01)**
*IGI*2					0.01	0.01
*IGI*3					0.01	
*IGI*4					0.01	0.01
*IGI*5					0.01	0.01
*IGI*6					(0.01)**	
*IGI*7					0.01	0.01
*IGI*8					0.01	(0.01)**
ZBXZ	0.01	0.01	0.01	0.01	−0.01	−0.01
XZLX	(0.02)***	(0.02)***	(0.02)***	(0.02)***	0.03	(0.03)***
ZZXS	0.02	0.02	0.02	0.02	—	—
Age	(0.01)***	(0.01)***	(0.01)***	(0.01)***	(0.01)***	(0.01)**

（续表）

模型变量	*IGI*	合规性	*CCI*	*ACI*	股份制	有限制
F	(8.41) ***	(6.98) ***	(8.40) ***	(8.41) ***	(2.16) **	(4.54) ***
$Adj-R^2$	0.18	0.17	0.18	0.18	0.15	0.25

表11　保险公司治理对*ROE*影响稳健性检验结果

模型变量	*IGI*	合规性	*CCI*	*ACI*	股份制	有限制
(Constant)	−0.12	0.01	0.03	−0.25	−0.77	−0.19
IGI	0.01					
CCI		−0.01	0.01			
ACI		0.01		0.01		
*IGI*1					0.01	−0.01
*IGI*2					0.01	0.01
*IGI*3					0.01	
*IGI*4					0.01	0.01
*IGI*5					0.01	0.01
*IGI*6					0.01	
*IGI*7					0.01	0.01
*IGI*8					−0.01	0.01
ZBXZ	−0.15	−0.15	−0.15	−0.15	−0.24	−0.12
XZLX	0.13	0.12	0.12	0.13	0.18	(0.33) ***
ZZXS	0.07	0.05	0.06	0.06	—	—
Age	(0.04) ***	(0.04) ***	(0.04) ***	(0.04) ***	(0.07) ***	0.01
F	(3.38) ***	(3.23) ***	(3.67) ***	(3.25) ***	(2.20) **	(2.51) ***
$Adj-R^2$	0.07	0.07	0.07	0.06	0.15	0.12

表 12　保险公司治理对 ***NRI*** 影响稳健性检验结果

模型变量	*IGI*	合规性	*CCI*	*ACI*	股份制	有限制
(Constant)	(−0.24) ***	(−0.25) ***	(−0.25) ***	(−0.22) ***	(−0.53) **	−0.16
IGI	0.01					
CCI		0.01	0.01			
ACI		0.01		0.01		
*IGI*1					0.01	0.01
*IGI*2					(0.01) **	0.01
*IGI*3					0.01	
*IGI*4					0.01	(0.01) **
*IGI*5					0.01	0.01
*IGI*6					(0.01) **	
*IGI*7					0.01	0.01
*IGI*8					0.01	0.01
ZBXZ	0.02	0.02	0.02	0.02	−0.04	−0.02
XZLX	(0.07) ***	(0.07) ***	(0.07) ***	(0.07) ***	0.07	(0.10) ***
ZZXS	0.03	0.03	0.03	0.03	—	—
Age	(0.01) ***	(0.01) ***	(0.01) ***	(0.01) ***	(0.02) **	0.01
F	(5.32) ***	(4.43) ***	(5.34) ***	(5.30) ***	(2.17) **	(3.01) ***
$Adj-R^2$	0.11	0.11	0.11	0.11	0.15	0.16

表 13　保险公司治理对 ***CCR*** 影响稳健性检验结果

模型变量	*IGI*	合规性	*CCI*	*ACI*	股份制	有限制
(Constant)	(0.60) ***	(0.63) ***	(0.63) ***	(0.58) ***	(0.82) ***	0.50
IGI	0.01					
CCI		0.01	0.01			
ACI		0.01		0.01		
*IGI*1					0.01	(−0.01) **
*IGI*2					0.01	0.01

（续表）

模型变量	*IGI*	合规性	*CCI*	*ACI*	股份制	有限制
*IGI*3					0.01	
*IGI*4					0.01	−0.01
*IGI*5					−0.01	0.01
*IGI*6					0.01	
*IGI*7					0.01	0.01
*IGI*8					0.01	0.01
ZBXZ	−0.01	−0.01	−0.01	−0.01	0.02	0.08
XZLX	0.05	0.04	0.04	0.05	0.13	0.01
ZZXS	−0.08	−0.08	−0.08	−0.08		
Age	(−0.01)**	(−0.01)**	(−0.01)**	(−0.01)**	−0.02	−0.01
F	(2.31)**	1.96	(2.35)**	(2.30)**	1.85	1.04
$Adj-R^2$	0.04	0.03	0.04	0.04	0.11	0.00

表14　保险公司治理对*CPR*影响稳健性检验结果

模型变量	*IGI*	合规性	*CCI*	*ACI*	股份制	有限制
(Constant)	0.14	0.16	0.16	0.14	0.32	0.11
IGI	0.01					
CCI		0.01	0.01			
ACI		0.01		0.01		
*IGI*1					0.01	0.01
*IGI*2					0.01	0.01
*IGI*3					0.01	
*IGI*4					0.01	0.01
*IGI*5					0.01	0.01
*IGI*6					(0.01)**	
*IGI*7					0.01	(0.01)**
*IGI*8					0.01	0.01

（续表）

模型变量	*IGI*	合规性	*CCI*	*ACI*	股份制	有限制
ZBXZ	−0.04	−0.04	−0.04	−0.04	−0.08	0.02
XZLX	(0.54) ***	(0.54) ***	(0.54) ***	(0.54) ***	(0.54) ***	(0.56) ***
ZZXS	0.02	0.02	0.02	0.02		
Age	0.01	0.01	0.01	0.01	0.01	0.01
F	(43.45) ***	(36.03) ***	(43.50) ***	(43.46) ***	(5.96) ***	(24.34) ***
$Adj-R^2$	0.55	0.55	0.55	0.55	0.43	0.68

六、研究结论与启示

本文从保险公司治理与盈利能力关系角度研究保险公司治理的有效性问题，构建了保险公司治理评价指标体系，采用公司治理整体指数来衡量公司治理水平，对保险公司治理与盈利能力的关系进行了实证分析。本文研究发现，保险公司治理总指数与其盈利能力之间没有显著关系，无论是治理自主合规指数还是强制合规指数，均没有呈现出与盈利能力的显著相关关系，同时股份制和有限制保险公司治理的各维度分指数与盈利能力之间也不存在显著的相关关系。根据前人对一般公司治理与盈利能力文献的相关研究，多数学者倾向于二者之间有密切的关系，这与本文的研究结果有较大差异，反映了中国保险公司治理有效性不足的现状，公司治理水平的提高并没有带来公司盈利能力的提升。

自《中华人民共和国保险法》颁布以来，经过近十年的改革，中国保险公司治理合规建设取得重要进展，基本上搭建起符合现代治理体系的框架，但是实证研究反映出，公司治理未能真正深入公司内部，治理有效性不足的问题愈发凸显。本研究认为解决保险公司治理有效性不足的问题不在于监管部门，而在于保险公司自身。虽然中国保险公司治理起步较晚，保险机构发展不平衡，但保险业关于治理的法律法规日渐完善，政府出台的多部法律法规都对公司治理行为进行了规范。但多数保险公司仅仅关注于治理的合规性，为了达到监管部门的规定而搭建治理结构和导入治理机制，而治理结构与机制能否真正发挥作用，主要还是取决于保险公司自身。因此为了提高保险公司治理的有效性，首先要树立正确的公司治理思维，思维是人用头脑进行逻辑推导的属性、能力和过程。在保险公司治理实践中，要遵循两个最基本的治理思维，即过程思维与和谐治理思维。公司治理不是一次性行为，保险公司建立治理结构与机制是一个过程，这个过程一方面是公司外部环境发生了变化，要求保险公司治理上作出相应的调整，例如保险公司实现了境外上市，保险公司需要根据上市地点的要求，优化董事会结构；另外一方面就是保险公司自身发展需要，例如在决策层面更需要行业专业人士作用的发挥，于是在董事会中引入相关董事，这个过程是伴随保险公司发展整个过程的，没有一劳永逸的保险公司治理。这就要求保险公司在公司治理方面要做持续性的改进和优化。公司治理中有制衡的内容，但制衡绝非公司治理的核心，公司治理的核心是要进行科学决策，让保险公司更好地发展。因此在公司治理实践过程中，要避免出现不和谐的现象，这里的不和谐不是说董事会上有人提出了反对意见，而是因为种种原因而使得董事会的治理机制无法正常运作，甚至对簿公堂。例如，从现实情况来看，目前个别保险公司因为股东之间问题而产生争斗，甚至引发冲突，不仅不利于调和矛盾，而且还会给广大投保人和中小股东利益带来损失。公司治理的有效运作不能仅仅依靠《公司法》和公司章程等硬性规则，还需强调软性规则，讲究和谐治理。

参考文献

[1] 陈云洁.中小板上市民营企业股权结构对企业财务绩效影响的实证分析[J].经营管理者，2014(3)：165-166.

[2] 郝臣.中国保险公司治理研究[M].北京：清华大学出版社，2015.

[3] 郝臣，李慧聪，罗胜.保险公司治理研究：进展、框架与展望[J].保险研究，2011(11)：119-127.

[4] 江津、王凯.我国保险公司治理机制有效性研究——基于上市保险公司的实证检验[J].保险研究，2015(1)：62-71.

[5] 蒋才芳，陈收.我国人寿保险公司经营绩效的DEA有效性分析[J].财经理论与实践，2014(4)：27-32.

[6] 李双杰，杨熠.中国保险企业经营绩效研究及影响因素分析[J].全国商情，2008(9)：

47 -50.

[7] 李维安，郝臣.中国上市公司监事会治理评价实证研究[J].上海财经大学学报，2006(3)：78 - 84.

[8] 李维安，唐跃军.公司治理评价、治理指数与公司业绩——来自 2003 年中国上市公司的证据[J].中国工业经济，2006(4)：98 - 107.

[9] 李维安，张国萍.经理层治理评价指数与相关绩效的实证研究——基于中国上市公司治理评价的研究[J].经济研究，2005(11)：87 - 98.

[10] 李志凤.公司治理对财务绩效影响的实证研究——基于沪、深两市制造业上市公司的数据分析[J].商业会计，2014(9)：87 - 90.

[11] 刘铎，张彦明，刘斯文.商业银行治理结构与财务绩效相关性分析[J].哈尔滨商业大学学报，2014(4)：3 - 9.

[12] 刘振.董事会特征、研发投资强度与公司财务绩效[J].财会月刊，2015(24)：3 - 9.

[13] 孙蓉，王超.我国保险公司经营绩效综合评价[J].保险研究，2013(1)：49 - 57.

[14] 唐金成，孙灵刚.中国上市保险公司治理问题研究[J].广西大学学报(哲学社会科学版)，2014(1)：34 - 38.

[15] 王晓英，彭雪梅.国有上市保险公司股权结构对经营绩效的影响研究[J].保险研究，2011(4)：28 - 35.

[16] 王艳，李洋，叶璐莹.基于价值驱动因素构建保险公司价值评估体系[J].保险职业学院学报，2015(1)：52 - 56.

[17] 项俊波.增强保险监管的有效性[J].中国金融，2012(2)：9 - 11.

[18] 项俊波.中国保险业公司治理与监管报告[M].北京：中国金融出版社，2015.

[19] 谢晓霞，李进.股权结构、董事会特征与业绩研究——中国保险公司的治理结构分析[J].保险研究，2009(8)：90 - 95.

[20] 杨虎锋，何广文.治理机制对小额贷款公司绩效的影响——基于 169 家小额贷款公司的实证分析[J].中国农村经济，2014(6)：74 - 82.

[21] 庄宏献，叶正茂.国有保险企业股权结构变革与经营绩效的实证[J].求索，2005(8)：18 -19.

[22] Ho, Chia-Ling, Gene C. Lai, and Jin-Ping Lee, 2013. Organizational Structure, Board Composition, and Risk Taking in the U. S. Property Casualty Insurance Industry[J]. Journal of Risk and Insurance, Vol.80, No.1, pp.169 - 203.

[23] Cummins, J. David, Georges Dionne, Robert Gagne, etc., 2009. Efficiency of

Insurance Firms with Endogenous Risk Management and Financial Intermediation Activities[J]. Journal of Productivity Analysis, Vol.32, No.2, pp.145 - 159.

[24] Gompers, P. A., J. L. Ishii, and A. Metrick, 2001. Corporate Governance and Equity Prices[J]. Journal of Finance, Vol.52, No.4, pp.1641 - 1658.

[25] Grace, Elizabeth, 2004. Contracting Incentives and Compensation for Property-Liability Insurer Executives[J]. Journal of Risk and Insurance, Vol.71, No.2, pp.285 - 307.

[26] Huang, L. Y., T. Hsiao and G. C. Lai, 2007. Does Corporate Governance and Ownership Structure Influence Performance? Evidence from Taiwan Life Insurance Companies[J]. Journal of Insurance Issues, Vol.30, No.2, pp.123 - 151.

[27] Huang, Li-Ying, Gene C. Lai, Michael McNamara, etc., 2011. Corporate Governance and Efficiency: Evidence from U. S. Property-Liability Insurance Industry[J]. Journal of Risk and Insurance, Vol.78, No.3, pp.519 - 550.

[28] Martin, Eling, D. M. Sebastian, 2014. Corporate Governance and Risk Taking: Evidence from the UK and German Insurance Markets[J]. Journal of Risk and Insurance, Vol.81, No.3, pp.653 - 682.

[29] Mayers, David, and Clifford W. Smith, 2010. Compensation and Board Structure: Evidence from the Insurance Industry[J]. Journal of Risk and Insurance, Vol.77, No. 2, pp.297 - 327.

[30] Yemane, A. A., M. L. Raju and R. M. Raju, 2015. The Impact of Corporate Governance on Firm's Performance: Evidence from Ethiopian Insurance Companies [J]. Research Journal of Finance and Accounting, Vol.6, No.9, pp.225 - 233.

Research on Governance Effectiveness of Chinese Insurance Company: The Empirical Analysis from the Profitability Perspective

Hao Chen, Yang Dongxue, Cui Guangyao, Qin Xiaotian

Abstract: With the deepening of the practice of Chinese insurance company governance, compliance of governance was significantly improved. But the standard corporate governance in whether to improve corporate profitability or play a role effectively has become a new focus. The paper chooses Chinese insurance company as the sample, constructs the governance evaluation index system of Chinese insurance company, and analyzes the influence on profitability of governance in Chinese insurance company from three aspects, including the total governance index, different levels and different content of governance. In conclusion, the governance of Chinese insurance company isn't related significantly to its profitability. It shows that governance effectiveness of Chinese insurance company is to be improved and enhancing the governance effectiveness of Chinese insurance company is the future direction of the reform of governance in Chinese insurance company.

Key Words: Corporate Governance; Effectiveness; Profitability

人口流动、户籍分割与区域经济结构

汤海燕[①]　崔光灿[②]　姜　巧[③]

摘　要：本文选取2000年到2013年全国31个省市的面板数据，进行人口流动、区域户籍结构调整与经济结构变化关系的研究。结果发现：非户籍人口导入是区域常住人口增长的主要原因，但不同区域影响人口导入的主要因素不同，东部地区是经济增长因素，中部地区是城市规模扩张因素，而西部地区是收入水平因素。我国非本地户籍人口流动及分布是影响区域产业结构的重要因素，产业升级状况总体上受非本地户籍人口导入的影响，从不同区域内部产业结构看，东部地区受人口密度影响，中部地区受城镇规模和收入水平影响，而西部地区受人口导入数量与城镇规模影响。总体上看，我国人口流动的主要原因是就业选择而不是居住环境选择。户籍制度改革的落实，应该与城镇产业政策和人口结构优化相结合，政府应实施地区差异化政策，有序引导人口的转移。

关键词：户籍制度；人口流动；产业结构

一、引言

在我国快速城镇化过程中，形成了大量无当地城镇户籍的外来常住人口（俗称“外来人口”），这部分人口以“农民工”为主体，他们在生产过程中逐步与

---

① 汤海燕（1970— ），女，副教授，上海师范大学商学院，研究方向为城市经济、制度经济学。
② 崔光灿（1970— ），博士，副教授，上海师范大学商学院，研究方向为城市经济、住房政策。
③ 姜巧（1991—），女，上海师范大学商学院，研究方向为产业理论与政策、产业经济学。

城镇户籍人口相融合，并成为城镇产业人口的主体。但他们在生活中却没能与城镇人口享受相同的公共服务，没有真正融入城镇。2012 年底，常住人口的城镇化率达到 52.6%，而户籍人口的城镇化率仅为 35.5%，二者差距达到 17 个百分点，在部分城市，外来常住人口占就业人口的比例超过二分之一。

城镇人口“二元结构”不仅影响到新型城镇化的实现，同时也制约着区域产业结构的优化，影响到区域经济持续发展。为了消除“人口二元结构”，推进人的城镇化，2014 年 7 月，《国务院关于进一步推进户籍制度改革的意见》中提出进一步推进户籍制度改革的要求，以促进有能力在城镇稳定就业和生活的常住人口有序实现市民化，稳步推进城镇基本公共服务常住人口全覆盖，并且对不同城市实施差别化的政策，落实放宽户口迁移政策，以合理引导农业人口有序向城镇转移，有序推进农业转移人口市民化。

新型城镇化发展过程中，关键要解决好人的就业与居住问题。未来要促进约 1 亿农业转移人口落户城镇，引导约 1 亿人口在中西部地区就近城镇化，都与人口流动和户籍制度改革分不开。常住人口户籍结构反映了人口流动情况，这种人口流动对区域产业结构有什么影响？户籍管理制度改革将可能带来人口户籍结构及人口流动变化，会对当地经济结构产生什么影响？以上是推进户籍制度改革过程中需要综合考虑的问题。

已有的研究多是围绕户籍制度完善和人口迁移特征展开。其中，户籍制度改革研究一般围绕户籍制度设计及其涉及的主要问题进行研究，如对全国典型地区户籍制度改革政策进行梳理，李振京(2014)认为我国户籍制度改革需要解决的主要问题包括优化户籍登记迁移制度、逐步剥离附加在户籍上的城市福利和社会保障功能、正确处理好农村转移人口市民化过程中的土地问题等。汪立鑫(2010)等认为城市政府所设定的户籍门槛，与城市人力资本回报率、对市民征税税率、人力资本对本地 GDP 增长贡献率、周边城市对外来劳动力的吸引力等负相关，而与城市政府对当地市民福利增长的重视程度正相关。

国内关于人口迁移研究一般利用人口普查数据，对人口迁移的特征进行分析，如王桂新(2012)等通过对 2000 年和 2010 年两次人口普查数据的比较分析，研究了我国省际人口迁移的区域模式，发现人口迁出和迁入的分布都呈一定集中趋势，且迁入集中趋势尤为明显。目前总体上缺少户籍制度改革对城镇人口迁移的系统性研究，相关研究基本还处于定性阶段，如熊小林(2010)认为中国现行的户籍制度将居民的迁徙自由、接受教育和享受社会福利等方面的基本权利限定在户籍所在地的区域内。中国人口与发展研究中心课题组(2012)同样认为我国现行户籍管理制度本质上是一种身份制度，这种制度使得居民在就业、上学、就医等领域享受的是差别化待遇，从而造就了不平等的城市阶层和农村阶层。这类研究多数从户籍管理的角度研究人口流动问题，没有考虑人口流动与就业及对当地经济结构的影响。国外一些学者从影响人口迁移的因素研究其决策机制，如托达罗(Todaro,1969)通过建立城乡人口迁移行为模型，认为人口的流动主要是受到城市稳定工作机会的吸引，收入的差异也是根据在城市能够找到工作的概率进行调整的。付玉明(Yuming Fu,2012)等建立了技能导向型的人口迁移模型，认为更高教育程度的家庭在迁移时更加机动，拥有更多的选择。同时更重视目的地的设施、劳动力市场、技术改变，等等。

在人口与区域经济方面的研究主要从人口结构对区域经济影响的视角展开。蔡昉等(2001)认为劳动力市场的扭曲影响了区域经济的增长，导致了区域之间的差异，认为取消户籍制度和城乡差异的社会保障制度，能够促进劳动力市场的发展，缩小区域之间的发展差异。林文生(2013)运用上海的宏观数据分析，认为上海第二产业的发展主要决定于自身，第三产业的发展对第二产业只有短暂性的促进作用，外来人口和城镇化对第二产业有短期的间接推动作用和长期的直接负面影响。马永春(2013)运用江苏的宏观数据分析认为产业结构的演进促进了就业结构的变动，而产业结构、就业结构的双重变动对人口流动起到了巨大的拉动作用，而反过来人口流动却不是三次产业结构变动的原因。李超等(2013)认为北京市人口调控要强化政府的政策导向作用，以产业结构升级为契机，通过优化产业发展布局带动人口结构优化。该类研究较少运用全国数据，并很少结合常住人口户籍结构进行研究。

目前，我国户籍制度的改革进入了新的阶段，区域人口户籍结构将会发生变化，人口流动也可能发生变化，所以，从全国层面研究户籍制度改革引发的户籍结构、人口结构和产业结构调整关系具有一定的现实意义，因此本文拟利用2000—2013年的数据进行这方面研究。

二、我国常住人口户籍结构与产业结构演进的基本过程

我国常住人口户籍结构的变化过程是与城镇化过程相联系的。改革开放前，严格的户籍管理制度将人口“固定”在户口所在地。改革开放后，随着城镇用工制度的放宽，农村剩余劳动力开始因就业而向城镇流动，形成了以产业为主导的人口流动模式。虽然改革开放以来，我国产业结构不断优化，但总体上由于流入大城市的人口以农民工人口为主，在一定程度上制约了我国产业结构的升级，大致可分为几个阶段，如图 1 所示。

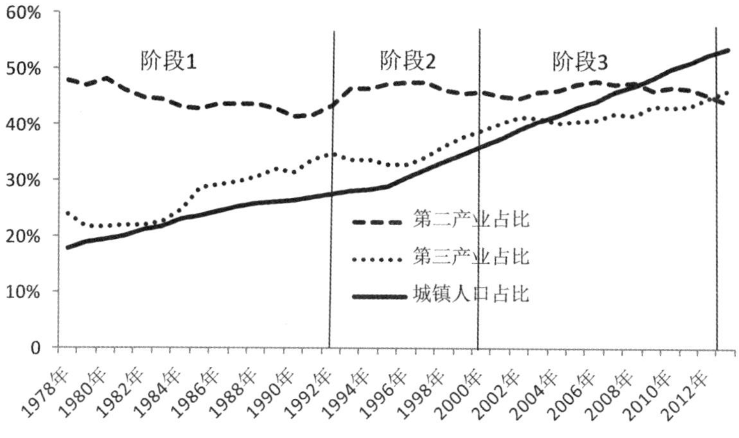

图 1　我国人口流动与产业结构情况

第一阶段：改革开放初期—1992 年，人口向中小城镇集中，产业结构开始升级。这一阶段，部分农民开始从“土地束缚”中解放出来，从事其他生产经营活动，并开始逐步向城镇流动，这种背景下，政府提出了积极发展小城镇的基本战略。由于当时改革刚刚起步，户籍制度、粮油供应制度、城市就业和社会福利制度的限制，都使得农村剩余劳动力大多数只能流入小城镇和少数沿海改革开放试点城市。这一阶段的城镇化水平总体还比较低，但速度不断加快，到 1992 年，我国城镇化率从 1978 年的 17.92%提高到 27.46%。该阶段的城镇化率提高，基本是以无城镇户口的常住人口流入城镇为主。从产业结构看，产业结构优化的趋势开始呈现，一方面在第二产业总量不断增加的基础上，第二产业占比开始下降，另一方面第三产业发展速度更快，占比从 1978 年的 23.9%上升到

1992年的34.8%。

第二阶段:1992—2000年,人口开始向沿海大中城市流动,二、三产业同步发展。1992年,邓小平南巡讲话;1994年我国进一步明确提出要建立社会主义市场经济体制。此后,我国不断加大城市经济体制改革,大量的民营企业开始发展,城市企业用工制度更加灵活,从最初的临时工到合同工等,越来越多的进城务工人员可以在城市找到较稳定的工作。这一阶段,全国每年新进城人口约为两千万人,并成为我国制造业快速发展的重要支撑条件,使工业化与城镇化相互促进发展。到2000年,我国城镇化率又提高到36.2%。这一阶段的特点是第三产业仍在增加,但第二产业发展更快,第二产业的总体比例还略有上升,成为拉动我国经济整体增长的重要力量。

第三阶段:2001—2012年,人口进一步向大城市流动,第三产业占比快速上升。这一阶段是我国经济快速发展阶段,改革开放的红利开始全面释放。一方面大量农村人口继续向城市流动,另一方面大中城市新增就业机会不断增加。这一阶段城镇化的一个重要特征是人口大量向大中城市和发达地区集中,小城镇发展相对缓慢。近十年来,常住人口增长最快的地区一般是经济发达地区或人口密度本来较低的地区。人口导入地区主要是北上广和天津四个较发达地区,而中部地区的人口增长最慢,甚至在下降,说明这些地区主要是人口迁出地。产业结构继续优化,到2012年底,我国第三产业占比已与第二产业占比相当,但这一阶段产业结构优化的一个特征是我国第二产业占比并没有下降,始终维持在46%左右。

虽然经过三十余年的发展,总体上我国产业结构优化明显,但由于人口向大中城镇集中,并且以第二产业工人为主,因此我国第二产业始终保持在较高的增长速度,而在人口导入的区域,其产业升级的速度也不快。

第四阶段:2013年以后,人口可能流向中小城镇,第三产业将逐步超过第二产业。2013年后,我国城镇人口超过农村人口,第三产业占比超过第二产业占比,我国新型城镇化道路经过十余年的探索,不断清晰起来,并于2012年11月,中国共产党的十八大上明确了新型城镇化要求。此后,分别出台了国家城镇发展规划和户籍制度改革措施,将有利于促进人口的合理流动,中小城镇的快速发展,第三产业将可能进一步上升,并促进城市产业优化。

三、理论分析

（一）户籍制度与人口流动的关系

户籍制度改革，最终会影响人口的流动选择，特别是影响有学历、有技术，并可以在当地取得户籍的新毕业大学生等人口的迁移选择。对于户籍准入要求严格的区域，则可能有两种情况：一是本地其他公共服务水平较高或就业机会较多，仍可能吸引“高端”就业人口流入；二是大量的无法取得户籍的普通农民工为主体的“蓝领”就业人口流入，这是由于多数农民工无论在什么样的城市都没有可能取得城镇户籍，如上海市嘉定区统计局的一项调查显示，在本区域的农民工中，打算在上海安家立业的仅占17%，多数打算有钱后返乡生活或学好技术去其他地方发展。所以，这部分不考虑户籍问题的人口在选择就业地时，主要考虑就业机会和收入水平，这样大一些的城市，就业机会相对较多，成为流入的最终选择地。

（二）人口流动对产业结构的影响机制

地区产业结构与人口结构是相互影响的，在不考虑户籍影响的情况下，人口流动的原因主要有就业机会、实际工资差异、居住环境和生活成本等。在我国城镇化进程中，由于存在不同产业聚集或产业结构的城市，人口的流动会在不同城市呈现出分异的特征。在区域产业结构与人口流入的关系上，可能表现为两种模式：一是产业结构主导模式，城市产业结构的优势带来就业结构的变化，从而带来人口流动的特征。其假设是地区的产业结构变化由自身的发展规律决定，而流动人口根据自己能找到的工作来选择迁入地。二是流入人口主导模式，一个地区什么产业发展较快，形成什么样的产业优势，取决于人力资源禀赋，如果一个区域形成了某类外来人口的集聚区，则适合该类外来人口就业的产业会形成比较优势，发展较快。在这种情况下就是人口结构决定产业结构。

从影响外来人口流动的情况看，可能有两种相应的趋势，有较高就业技能的外来人口可能会较多地流入产业主导区，而就业技能较差的外来人口可能首先选择适合的居住地，成为当地的常住人口，进而影响到当地的产业发展，具体传导机制如图2所示。

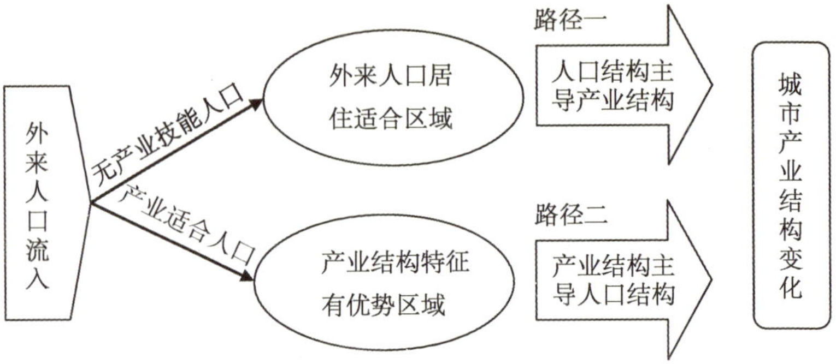

图2 人口流动与产业结构变化路径

（三）户籍制度改革可能对当地产业结构的影响

本来人口流动是以就业为取向的，但由于户籍制度改革，部分人口为了享受到城镇户籍的养老、医疗等公共服务，则可能变为以户籍为取向。这样，一些熟练工人可能反而选择中小城市，使中小城市的产业有较快发展，同时中小城市第二、三产业也可能发展较快。而在中西部地区，如果实施更宽松的户籍政策，则可能吸引产业工人，承接东部地区的产业转移，起到优化区域产业结构的作用。所以，从理论上，中小城市由于户籍改革，取得户籍的难度较小，可能更多地吸引知识人口，产业结构优化的速度可能更快。

四、实证分析

（一）模型和数据

一般来说，一个地区的人口数量、结构除了受本地生育水平影响外，还可能受到外来人口移入的影响，为了分析一个地区人口增长的影响因素，我们使用式(1)检验：

$$popul_i = a_i + \beta_1 hjrate_i + \beta_2 gdp_i + \beta_3 incom_i + \beta_4 urban_i + \beta_5 green_i + \beta_6 air_i + \beta_7 tem_i + \varepsilon_i \quad (1)$$

其中，一个地区的人口数量（*popul*）可能受到本地户籍人口比例（*hjrate*）、当地经济水平（*gdp*）、收入水平（*incom*）、城市建成区面积（*urban*）、人均绿地面积（*green*）、空气质量（*air*）和气温（*tem*）影响，户籍人口状况用户籍人口占常住人口比例表示，经济发展水平、城市建成区面积和收入水平都可能成为吸引人口增长的因素，城市人均绿地面积、空气质量和年度平均气温表示当地的居民环境，可能成为影响人口迁移选择的因素。

同时，为了检验不同城市产业结构变化与当地人口、户籍结构及城市规模的关系，根据上述分析，我们使用式(2)、式(3)检验：

$$indust_{2i} = a_i + \beta_1 popden_i + \beta_2 incom_i + \beta_3 hjrate_i + \beta_4 urban_i + \beta_5 gdp_i + \varepsilon_i \quad (2)$$

$$indust_{3i} = a_i + \beta_1 popden_i + \beta_2 incom_i + \beta_3 hjrate_i + \beta_4 urban_i + \beta_5 gdp_i + \varepsilon_i \quad (3)$$

其中，第二产业比例（$indust_2$）、第三产业比例（$indust_3$）分别为其占生产总值的比例，用于表示地区产业结构，理论上其与人口密度（*popden*）、收入水平（*incom*）、户籍人口比例（*hjrate*）、城市建成区面积（*urban*）和地区经济发展整体水平（*gdp*）可能相关。人口密度越大，可能产业结构受人力资源的影响越大。收入水平越高，可能越有利于吸引技术工人或高端人才，产业可能升级较快。户籍人口比例越高的地区一般为人口导出区，外来人口的比例越小，产业结构可能更主要受本地人口的影响。城市建成区面积代表地区城市发展的规模，与地区生产总值共同作为控制变量。

实证数据为 2000 年到 2013 年全国 31 个省市的年度面板数据，数据来源为历年《中国统计年鉴》和各地统计年鉴数据。在实证中，对除户籍人口比例外，所有数据都取对数。原始数据的描述性统计如表 1 所示。

表 1　实证所用数据描述性统计

变量	平均值	标准差	最小值	最大值
人口总量(万人)	4 197.8	2 672.6	258.0	10 594.0
户籍人口总量(万人)	4 183.0	2 723.0	251.2	10 931.6
地区生产总值(亿元)	88 15.9	9 478.1	117.5	57 067.9
第二产业增加值(亿元)	4 385.3	4 977.4	27.2	27 701.0
第三产业增加值(亿元)	3 511.7	4 001.7	53.9	26 519.7
人口密度(人/平方公里)	2 036.2	1 384.4	26.0	6 307.4
人均可支配收入(元)	12 772.2	6 397.5	4 724.1	40 188.3

（续表）

变量	平均值	标准差	最小值	最大值
城市建成区面积(平方公里)	1 090.6	847.7	69.0	5 026.4
人均绿地面积(平方米)	8.4	2.9	0.4	18.1
年平均气温(摄氏度)	14.3	5.1	4.5	25.4
空气质量好于二级上天数(天)	312.3	37.5	181.0	366.0

（二）实证结果

为了避免伪回归现象，我们使用了 Levin、Llin & Chu(2002)的检验方法，对相应数据进行了单位根检验，检验方法为带常数项、滞后一阶，发现所使用的数据均为平稳数据。

利用面板回归模型对式(1)～(3)进行估计，分别用固定效应模型和随机效应模型进行估计，在模型的选取上，使用 Hausman 检验，检验结果认为固定效应模型更为合适。

首先，我们对各区区域人口增长的情况进行实证，以检验影响各地区人口数量的主要因素，对式(1)进行回归分析，结果如表 2 所示。

表 2　影响人口数量的面板数据回归结果

变量	全国	东部	中部	西部
hjpopulrate	−1.014 *** (−33.82)	−1.163 *** −(20.18)	−0.670 *** (−13.21)	−0.768 *** (−12.70)
lgdp	0.073 *** (5.16)	0.095 *** (4.09)	−0.022 (−0.99)	−0.008 (−0.32)
lincome	0.007 (0.37)	−0.004 (−0.13)	0.033 (1.23)	0.095 ** (2.43)
lurban	−0.026 * (−1.65)	−0.063 ** (−2.64)	0.113 *** (4.29)	0.006 (0.29)
lpergreen	0.000 (0.09)	−0.022 (−1.54)	0.006 (0.51)	0.014 *** (3.40)
lair	−0.053 *** (−3.17)	−0.003 (−0.08)	0.025 * (1.69)	−0.075 ** (−2.41)

（续表）

变量	全国	东部	中部	西部
ltem	0.073 *** (4.39)	0.085 * (1.80)	0.047 *** (3.19)	0.041 * (1.88)
_cons	8.651 *** (63.80)	8.699 *** (35.20)	8.012 *** (42.63)	7.894 *** (29.88)

从全国看，地区人口总量主要受户籍人口数量的负向影响，说明外来人口流入是一个地区人口增长的主要原因。同时与经济增长正相关，经济越发达的地区，人口数量较大。而与城市建成区面积负相关，说明从整体上，并不能简单通过城市规模的扩大来吸引人口。但地区人口数量与空气质量、气温显著相关，但空气质量越差的地区，人口越多，说明目前我国人口流动的主要原因是就业而不是居住，产业发达的地区，一般空气质量较差，但常常是人口导入区。

从东部地区看，与全国一样，人口总量与户籍人口占比成负相关关系，与经济增长成正相关关系，与城市建成区面积负相关。但空气质量的影响不再显著，说明在东部地区，整体产业比较发达，空气质量的差异也不太大，所以影响不显著。

从中部地区看，与全国一样，人口总量与户籍人口占比负相关，但经济增长不再显著，说明中部地区的经济增长不能起到吸引人口的作用。但城市建成区的面积起显著的影响作用，说明随着城市数量或规模的增加，产业发展有利于人口的聚集，而空气质量和气温同样开始影响人口数量，说明在中部地区，人口流动开始受居住环境的影响。

从西部地区看，人口总量也与户籍人口负相关，但与其他地区不同，收入的影响开始显著，收入高的地区人口数量较多，人均绿化面积的影响也开始显著，说明西部地区的环境对人口流动有一定的作用，西部地区适宜居住的地区人口较多。

其次，对影响第二产业的因素进行分析，即对式(2)进行回归分析，结果如表 3 所示。

表3 影响第二产业比例的面板数据回归结果

变量	全国	东部	中部	西部
lgdp	0.082 *** (4.87)	0.016 (0.60)	0.142 *** (3.55)	0.074 *** (2.72)
lpopuden	−0.002 (−0.75)	0.043 *** (6.22)	−0.007 (−1.07)	−0.006 ** (−1.99)
lincome	−0.087 *** (−3.60)	−0.007 (−0.20)	−0.234 *** (−4.32)	0.008 (0.17)
hjpopulrate	0.392 *** (9.40)	0.558 *** (8.77)	0.224 * (1.89)	−0.218 *** (−2.76)
lurban	0.010 (0.66)	−0.003 (−0.17)	0.233 *** (5.10)	−0.058 *** (−2.63)
_cons	0.138 (1.29)	−0.419 *** (−3.34)	−0.426 * (−1.82)	0.412 ** (2.19)

注：*** 表示系数在1%水平上显著，** 表示系数在5%的水平上显著，* 表示系数在10%的水平上显著，括号中为 *t* 值(下表同)。

从全国看，影响第二产业比例的主要因素有经济增长、收入水平和户籍人口比例。其中经济增长与第二产业比例正相关，说明整体上第二产业作为我国经济总量的主要部分，受经济增长速度的影响。而第二产业比例与收入水平负相关，说明在收入增长较慢的区域，第二产业比例较大，其主要原因可能是这部分区域主要以收入相对偏低的第二产业工人为主。第二产业比例与户籍人口比例正相关，说明在户籍人口较高的地区，也就是人口导出区，由于技能工人更多地流出到发达地区，则产业结构以第二产业的普通就业岗位为主。

从区域的情况看，东部地区的第二产业比例与经济增长关系不显著，说明东部地区的经济增长没有过多依赖于第二产业；而中部和西部地区还明显与经济增长正相关。在东部地区，人口密度对第二产业的比例有显著的正向影响，说明人口密度大的区域更多依赖于第二产业，也说明第二产业仍具有劳动密集型的特征。相反，西部地区的第二产业比例则与人口密度负相关，这可能是因为西部地区第二产业整体不发达，第一产业和第三产业比例较高。同样，西部地区的第二产业比例与户籍人口负相关，意味着西部地区人口数量总体不足，有外来人口导入的区域，第二产业占比可能较大。中部地区的第二产业比例与城市建成区面积正相关，说明西部地区以能源产业或制造业为主，城市面积越大，第二产业越发达。而西部地区则反而与城市建成区面积负相关，可能由于西部地区地域广阔，第二产业主要不以城市为基础。

为了进一步检验第三产业比例的主要影响因素，我们对式(3)进行回归分析，结果如表 4 所示。

表 4　影响第三产业比例的面板数据回归结果

变量	全国	东部	中部	西部
lgdp	−0.002 (−0.10)	0.042 (1.59)	−0.095 *** (−3.00)	0.051 * (1.75)
lpopuden	−0.001 (−0.40)	−0.040 *** (−5.95)	0.000 (0.04)	0.005 (1.64)
lincome	0.017 (0.76)	−0.022 (−0.67)	0.176 *** (4.11)	−0.146 *** (−2.82)
hjpopulrate	−0.183 *** (−4.72)	−0.300 *** (−4.81)	−0.108 (−1.15)	0.378 *** (4.44)
lurban	0.009 (0.62)	0.007 (0.38)	−0.112 *** (−3.10)	0.070 *** (2.95)
_cons	0.380 *** (3.83)	0.786 *** (6.40)	0.468 ** (2.53)	0.487 ** (2.40)

从全国看，第三产业比例与户籍人口负相关，意味着外来人口较多的区域第三产业比较发达，一方面是由于流出人口一般以技术工人或高素质人才为主；另一方面在人口导入区，第三产业的需求也比较大。所以，在一定程度上人口结构是决定产业结构的重要因素。

从东部地区看，第三产业占比与人口密度负相关，说明东部地区人口密度大的区域仍是第二产业发展较快的区域，与上述实证结果相一致，同时也与户籍人口比例负相关，说明外来人口也是决定第三产业发展的重要因素。

从中部地区的情况看，第三产业比例与经济增长负相关，说明中部地区经济主要的组成部分不是第三产业，而是第二产业，与上述结论一致。而第三产业比例与收入正相关，收入较高的地区，第三产业比例也较高，收入高一方面带动高技能人口流入，另一方面也引致第三产业需求。此外，第三产业比例与城市建成区面积负相关，说明第三产业主要不是依赖城市发展。

从西部地区的情况看，比较特殊。西部地区第三产业比例与经济增长正相关，结合该区域第二产业也与经济增长正相关的现状，说明西部地区的经济增长将有利于产业结构升级，并逐步减少第一产业的比例。但第三产业比例与收入负相关，可能由于西部地区的第三产业以劳动密集型为主，聚集较多低端服务业。同样，第三产业比例与城市建成区面积正相关，说明在西部地区第三产业主要集中在城市，与城市的发展规模正相关。

五、主要结论与政策建议

（一）主要结论

第一，从人口增长的角度，非户籍人口的增加是地区人口增长的主要影响因素，除此之外，东部地区经济增长会带动人口的增长，而中部地区城市规模的扩大会带来人口的增加，西部地区收入的提高会带来人口的增长。我国总体上人口的流动的原因是就业选择而非居住环境选择。

第二，人口流动及分布是影响地区产业结构的重要因素。全国层面第二产业与人口导出正相关，第三产业比例与人口导入正相关，但不同区域的具体影响因素存在差异，如第二产业在东部地区主要受人口密度影响，而中部地区主要受可提供的城市规模影响，而第三产业在东部地区主要受非本地户籍人口导入比例影响，中部地区受收入影响，而西部地区则受经济规模影响。

（二）政策建议

第一，户籍制度改革可能起到优化人口分布的作用，但人口在城镇的合理分布最终要有相应的就业岗位和居住环境的支撑。因此，我国户籍制度改革必须与城镇产业政策和人口结构优化结合起来考虑，同时注意户籍制度改革与教育、就业、医疗、养老、住房保障等相关领域改革的衔接。

第二，必须注重人口流动与产业结构的协调发展，促进新型城镇化。在新型城镇中，关键是解决好人的问题，要破除城乡二元结构和城市内部二元结构，必须加快人口集聚与产业集聚，形成合理的空间布局，促进城镇发展与产业支撑、就业转移和人口集聚相统一。户籍制度改革作为新型城镇的配套政策，各地在实施过程中要因地制宜，必须加大个性问题的研究，将不同区域产业结构优化与人口合理布局相结合。

第三，人口调控要实施区域化的差异政策。目前东部地区户籍制度改革的压力最大，人口向东部地区集中还是一个长期的趋势，东部地区应适当控制人口密度，并通过产业结构优化，减少劳动密集型产业，促进人口向中小城镇流动。中部地区可以加大城镇化建设，以促进人口向城镇集中，同时加大第三产业的投入力度。西部地区主要应加大投入，大幅度增加城镇就业人口的收入，既可以吸引人口向城镇集中，又可以留住技术人口，同时减少东部地区的人口导入压力。

参考文献

[1] 张玮.中国户籍制度改革地方实践的时空演进模式及其启示[J].人口研究，2011(9).

[2] 李振京，张林山.我国户籍制度改革的主要问题与总体思路[J].宏观经济管理，2014(3).

[3] 汪立鑫，王彬彬，黄文佳.中国城市政府户籍限制政策的一个解释模型：增长与民生的权衡[J].经济研究，2010(11).

[4] 王桂新，潘泽瀚，陆燕秋.中国省际人口迁移区域模式变化及其影响因素[J].中国人口科学，2012(5).

[5] 熊小林.统筹城乡发展：调整城乡利益格局的交点、难点及城镇化路径[J].中国农村经济，2010(11).

[6] 中国人口与发展研究中心课题组.中国人口城镇化战略研究[J].人口研究，2012(3).

[7] Michael P. 1969, Todaro, A Model of Labor Migration and Urban Unemployment in Less Developed Countries[J]. The American Economic Review, No.1.

[8] Yuming Fu, Stuart A. 2012, Gabriel, Labor Migration, Human Capital Agglomeration and Regional Development in China[J]. Regional Science and Urban Economics.

[9] 蔡昉，王美艳，都阳.户籍制度与劳动力市场保护[J].经济研究，2001(12).

[10] 林文生.上海产业发展、外来人口及城镇化关系研究[J].人口与经济，2013(4).

[11] 马永春.产业结构演进对人口流动的影响研究[J].统计科学与实践，2013(2).

[12] 李超，张红宇，卢健，等.北京市人口调控与产业结构优化的互动关系[J].城市问题，2013(8).

Population flow, household registration division and regional economic structure

Tang Haiyan, Cui Guangcan, Jiang qiao

Abstract: This paper selected annual data from 2000 to 2013 in 31 provinces, using panel regression model, studying the relationship between household structural adjustment and the structural changes in the economy. The study found that China's population flow and distribution are important factors influencing industrial structure. Proportion of the second and third industry in general is affected by the non-native residents' inflow, the population density of eastern region, the urban scale of central region and the populations of the western region import both affect the second industry. And the income level of the central region and urban scale of western region have the significant effect on the third industry. From the perspective of the region's permanent population growth, the increase of the non-native residents is the main influence factor of the population growth. Economic growth will drive the growth of population in the eastern part, while the central area expansion of the city brings increased population, incomes can bring population growth in Western part. Also choice of employment is the main cause of population movements in China instead of the living environment. The household registration system reform is a long-term policy, and should be combined with urban industrial policy and population structure, and that the government should implement the regional differences in policy and give guide to population transfer.

Key Words: Household Registration System; Population Transfer; Industrial Structure

考虑流动性风险的开放式基金业绩评价[①]
——基于数据包络模型

付淑换[②] 何暑子[③]

摘　要：流动性风险和价格风险一样可以获得相应的风险溢价，但传统的基金评价方法中，考虑流动性风险的并不多见，特别是将动态流动性风险纳入基金评价体系更是少见。运用数据包络模型(DEA)将改良的动态流动性风险指标纳入基金评价体系，并对15只股票型开放式基金的相对业绩进行了实证研究，结果表明，流动性风险，包括基金资产自身的流动性风险在基金的业绩评价中不容忽视。

关键词：基金业绩评价；流动性风险；数据包络模型(DEA)

一、引言

随着我国经济的快速发展，我国基金业的规模急剧扩大。面对众多的基金公司和基金产品，客观公正的基金评价体系不仅是约束基金管理者市场化的外部约束力量，也为投资者进行投资决策提供了依据。经典的投资基金业绩评估方法有：①单位风险收益率法，它将收益率的绝对水平与所面临的风险联系起来，从而建立风险调整后的业绩度量，其代表方法是 Treynor 业绩指数法和 Sharpe 业绩指数法。两者的区别是 Sharpe 指数所采用的风险指标是投资组

① 本项目获得国家自然科学基金项目(71401077)、江苏省高校人文社会科学研究项目(2014SJ208)和江苏高校优势学科建设工程资助项目资助。

② 付淑换(1984—)，女，管理学博士，讲师，南京审计大学金融学院，研究方向为金融工程与投资管理。

③ 何暑子(1984—)，女，经济学博士，讲师，南京审计大学金融学院，研究方向为货币银行和国际经济。

合收益的标准差,其反映的是该组合的综合风险,而 Treynor 指数采用的是投资组合的系数,反映的是该组合的系统风险。②差异收益率调整法,其代表方法是 Jensen 业绩指数法。该指数基于 CAPM 模型来预测超额收益以反映基金的表现。

这些指标虽然可以使投资者对投资基金的业绩进行事后的比较和判断,但是在运用这些经典方法评估基金业绩时,常常给低风险的基金以较高的评价,而给高风险的基金以较低的评价,这样的评估结果有失公允。另外,基金运作过程中所包含的各种运营成本与费用,以及越来越受到重视的流动性风险也应在基金评价中得以体现。为了克服上述评价指数的诸多问题,Murchi、Choi 和 Desai(1997)第一次运用数据包络分析(Data Envelopment Analysis, DEA)模型构造了新的基金业绩评价指数 DPEI。此后,Basso 和 Funari(2001)在 DPEI 的基础上进行了修正和扩展,提出 IDEA-1 和 IDEA-2,并将其发展为一类评价指数,即 IDEA-g。流动性是证券资产与现金资产之间的相互转换能力,流动性风险是可交易证券除了价格风险以外面临的另一项重要的风险。许多研究发现,流动性也同样会影响市场价格的不确定性,和投资于价格风险大的股票能够获得较高的风险溢价一样,流动性差的股票也会有较高的流动性风险补偿以吸引投资者。Pastor 和 Stambaugh(2003)通过检验 1966—1999 年美国股市数据,发现了显著的流动性风险溢价,即使控制 Fama-French 三因子和惯性因子后,流动性最高的股票组合比流动性最低的股票组合的平均年收益仍高出 7.5%。

国内的研究者也注意到了流动性风险溢价问题,罗登跃等利用我国沪市工业、商业、公用和地产指数作为投资组合,分别把这 4 个指数回报率对 Acharya 和 Pedersen(2005)提出的 3 种流动性风险进行多元 GARCH-M 时间序列分析,其中 $cov(r_i, c_M)$ 和 $cov(c_i, r_M)$ 通过了显著性检验。黄峰和杨朝军(2007)通过构建流动性风险调整的资产定价模型,研究了我国股票定价中的流动性风险溢价问题,结果发现我国股市和国外一样存在对非流动性水平补偿的现象。刘洋和刘善存(2008)通过构建新的三因素模型研究了流动性风险与我国股市超额收益的关系,实证结果表明系统流动性风险对我国股市超额收益有显著影响。邹小芃等(2009)通过构建基于流动性风险调整的资产定价模型解释了投资者对流动性风险要求相应的风险补偿现象和流动性风险溢价的时变性。

然而,现有对基金业绩评估的研究文献中,考虑基金所面临的流动性风险的并不多。只有王灵芝和杨朝军(2009)在对资产组合的流动性风险进行测度后,首次提出基于流动性风险调整的平均收益率法,并对我国11家股票型开放式基金的业绩进行了评估。以全面、准确度量基金的动态流动性风险为目的,付淑换(2013)提出以加入资产自身流动性风险的赎回风险作为基金流动性风险的度量指标。为了更加全面准确地对基金进行评价,克服收益率指数法进行基金评价的不足,本文提出运用DEA方法将基金资产自身的流动性风险和赎回风险同时纳入我国开放式基金业绩评价方法中。

二、研究方法

本文的研究方法主要强调流动性风险指标的选择和改良,以及DEA方法的运用。以下从这两个方面进行详细阐述。

(一) 流动性风险的度量指标

只要经历过开始短暂的封闭期,开放式基金就可以允许投资者自由选择申购或赎回其拥有的基金份额,基金管理公司随时面临着因投资者要求赎回其拥有的基金份额而带来的变现压力,所以,无论是开放式基金的管理者还是投资者都需要特别注意其所面临的流动性风险。正因如此,大量有关开放式基金流动性风险度量的研究中,主要是从变现造成价格冲击角度来度量流动性风险。刘海龙认为开放式基金面临的流动性风险还应包括基金所投资资产的流动性风险(2004),作为一种对流动性极其敏感的资产组合,开放式基金中各股票资产自身的流动性风险同样应该受到关注,对其进行准确测定非常必要。

为了比较价格冲击引起的流动性风险(赎回风险)和资产自身的流动性风险对基金评价的影响,本文选用资产自身流动性风险——*COL* 以及赎回风险——*L-CVaR* 两个指标衡量开放式基金流动性风险的不同侧面。

其中,付淑换(2013)提出资产自身的流动性风险用高频数据更加简便,并且能够包含更多的日内信息。具体方法如下:

设

$$A_{i,t}=\frac{\sum_{m=1}^{3} AP(m)_{i,t,N} * AV(m)_{i,t,N}}{\sum_{m=1}^{3} AV(m)_{i,t,N}} \tag{1}$$

$$B_{i,t}=\frac{\sum_{m=1}^{3} BP(m)_{i,t,N} * BV(m)_{i,t,N}}{\sum_{m=1}^{3} BV(m)_{i,t,N}} \tag{2}$$

$$A_{i,t,n}=\frac{\sum_{m=1}^{3} AP(m)_{i,t,n} * AV(m)_{i,t,n}}{\sum_{m=1}^{3} AV(m)_{i,t,n}} \tag{3}$$

$$B_{i,t,n}=\frac{\sum_{m=1}^{3} BP(m)_{i,t,n} * BV(m)_{i,t,n}}{\sum_{m=1}^{3} BV(m)_{i,t,n}} \tag{4}$$

$$P_{i,t}^{w}=(A_{i,t}+B_{i,t})/2 \tag{5}$$

$$P_{i,t,n}^{w}=(A_{i,t,n}+B_{i,t,n})/2 \tag{6}$$

$$WAS_{i,t}=(A_{i,t}-B_{i,t})/P_{i,t}^{w} \tag{7}$$

$$WAS_{i,t,n}=(A_{i,t,n}-B_{i,t,n})/P_{i,t,n}^{w} \tag{8}$$

COL

其中，$AP(m)_{i,t,n}$为资产i在第t日的第n个日内卖价；$AV(m)_{i,t,n}$为资产i在第t日的第n个日内卖量；$BP(m)_{i,t,n}$为资产i在第t日的第n个日内买价；$BV(m)_{i,t,n}$为资产i在第t日的第n个日内买量；$A_{i,t,n}$为资产i在第t日的第n个日内相对加权卖价；$B_{i,t,n}$为资产i在第t日的第n个日内相对加权买价；$AP(m)_{i,t}$为资产i在第t日的卖价；$AV(m)_{i,t}$为资产i在第t日的卖量；$BP(m)_{i,t}$为资产i在第t日的买价；$BV(m)_{i,t}$为资产i在第t日的买量；$A_{i,t}$为资产i在第t日的相对加权卖价；$B_{i,t}$为资产i在第t日的相对加权买价；$P_{i,t,n}^{w}$为资产i在第t日的第n个日内中间价；$P_{i,t}^{w}$为资产i在第t日的中间价；$WAS_{i,t,n}$为资产i在第t日的第n个日内相对加权买卖价差；$WAS_{i,t}$为资产i在第t日的相对加权买卖价差。

已实现买卖价差变差为金融资产日内相对加权买卖价差的平方之和，即

$$RWV_{i,t}=\sum_{n=1}^{N} WAS_{i,t,n}^{2} \tag{9}$$

资产 i 在 t 时刻的流动性风险可以按下式进行计算：

$$COL_{i,t}=\frac{1}{2}[P_{i,t}^{w}(WAS_{i,t}+\alpha*RWV_{i,t})] \tag{10}$$

其中，$COL_{i,t}$表示资产 i 在 t 日的流动性风险；$P_{i,t}^{w}$为资产 i 在第 t 日的中间价；$WAS_{i,t}$ 为资产 i 在第 t 日的相对加权买卖价差；α 是一个放大因子；$RWV_{i,t}$表示 t 日的相对加权买卖价差的波动性。

根据黄峰(2007)和杨朝军(2009)的做法，投资组合中资产自身的流动性风险是各资产流动性风险的等权重平均：

$$COL_{t}=\frac{1}{N}\sum_{i=1}^{N}COL_{i,t} \tag{11}$$

寻明辉(2006)提出利用引入流动性指标的 *VaR* 模型——*L-VaR* 来度量因价格冲击带来的流动性风险，即赎回风险。鉴于 *CVaR* 较 *VaR* 的诸多优势，本文在其基础上进行改良，用 *L-CVaR* 来代替 *L-VaR*，得到度量开放式基金考虑赎回风险的 *L-CVaR*：

$$L\text{-}CVaR\hat{=}E(ec\mid ec\geq L\text{-}VaR) \tag{12}$$

其中，ec 表示基金的变现损失率(等于变现前后股票组合的价值变化除以基金的期初价值)；*L-CVaR* 讨论的是某个分位数(*L-VaR*)及其下方的所有损失情况，因此可以更好地描述为满足赎回造成损失的尾部行为。图 1 描述了正态分布情况下 *L-VaR* 和 *L-CVaR* 的关系。

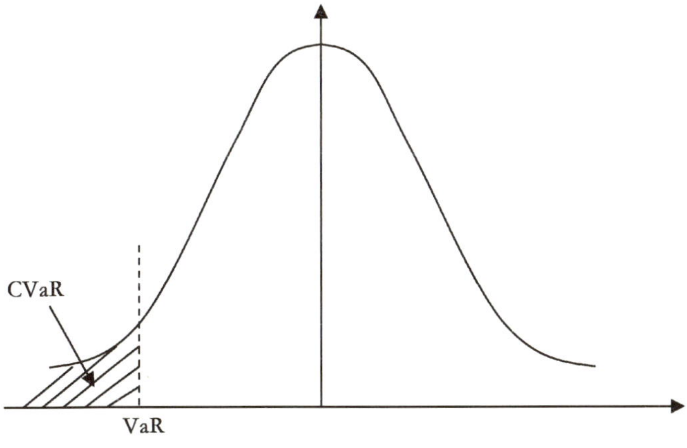

图 1　*VaR* 和 *CVaR* 的区别

计算 $L\text{-}CVaR$ 的过程，实际上是计算可能的变现损失率的过程，本文在选择变现策略和持有期后，利用价格冲击系数来计算变现损失率[具体过程参见付淑换(2013)]。采用 Monte Carlo 模拟法，对变现损失进行模拟，进而对模拟的 200 个变现损失进行排序，根据 $L\text{-}CVaR$ 的表达式：$L\text{-}CV\alpha R \hat{=} E(ec \mid ec \geqslant L\text{-}VaR)$，置信水平 95% 下的 $L\text{-}CVaR$ 为最大的 10 个变现损失率的平均值。与寻明辉(2006)计算静态 $L\text{-}VaR$ 不同，本文计算的是动态 $L\text{-}CVaR$ 的值，因此需要在每日不同的信息集合(动态价格和协方差矩阵)下进行模拟，从而得出每天不同的 $L\text{-}CVaR$ 值。

（二）基于 DEA 的基金业绩评价方法

数据包络分析(Data Envelopment Analysis，DEA)是 1978 年由美国著名的运筹学家 A.Charnes 和 W.W.Cooper 等学者，以相对效率概念为基础发展起来的一种效率评价方法，是一种对多输入、多输出、同类型的决策单元(Decision Making Units，DMU)相对有效性进行研究和评价的方法(魏权龄，1998)。如果把不同的基金作为决策单元，将基金的净增长视为产出，而将投资于基金的各种风险及非风险成本作为投入，便可以借助 DEA 方法对基金业绩进行评价。

DEA 方法的主要特点有：①适用于多输出—多输入的有效性综合评价问题，在处理多输出—多输入的有效性评价方面具有绝对优势；②DEA 方法并不直接对数据进行综合，因此决策单元的最优效率指标与投入指标值及产出指标值的量纲选取无关，应用 DEA 方法建立模型前，无须对数据进行无量纲化处理(当然也可以)；③无须任何权重假设，而以决策单元输入输出的实际数据求得最优权重，排除了很多主观因素，具有很强的客观性；④DEA 方法假定每个输入都关联到一个或者多个输出，且输入输出之间确实存在某种联系，但不必确定这种关系的显示表达式。

DEA 最原始的模型是一个分式规划问题，它将每个决策单元的效率定义为决策单元的加权产出与加权投入的比率，通过建立线性规划来求解出最优权系数和效率值。设有 n 个决策单元 DMUi($i=1,2,\cdots,n$)，每个决策单元都

是以 m 种投入生产 k 种产品，分别以 m 维向量 $\boldsymbol{\chi}_i$ 和 k 维向量 $\boldsymbol{y}_i$ 表示第 i 个生产单元的投入量和产出量。以相对效率为基础建立的规模报酬为：

$$\min[\theta_v - \varepsilon(e\frac{T}{1}SA + e\frac{T}{2}SB)]$$

$$s.t.\sum_{i=1}^{n}\lambda_i\chi_i + SA = \theta_c\chi_{0\,55}$$

$$(D_\varepsilon^v)\sum_{i=1}^{n}\lambda_i y_i - SB = y_0$$

$$\lambda\geqslant 0; i=1,2,\cdots,n, SA\geqslant 0; SB\geqslant 0$$

其中，x_0、y_0 分别为被评价决策单元 DMU0 的投入和产出量；SA、SB 分别为松弛变量。当该问题(D_ε^v)的解为 θ_v^*、λ^*、SA^*、SB^* 时，可以得出以下结论：

(1) 若 $\theta_v^*=1$，则 DMU_0 为弱技术有效；

(2) 若 $\theta_v^*=1$ 且 $SA=SB=0$，则 DMU_0 为技术有效；

(3) 若 $\theta_v^*<1$，则 DMU_0 为非技术有效；

如果我们把每个证券投资基金看作一个决策单元，就可以用 DEA 模型来对证券投资基金的相对业绩做出评价。Murchi 等学者在 1997 年首次运用 DEA 模型来评价投资基金的相对效率，以基金投资收益率的标准差、各种运营成本为投入指标，以基金的投资收益率为产出指标。Basso 和 Funari 于 2001 年扩展了 DEA 在投资基金业绩评价中的运用，其投入项包括基金投资组合的各种风险特征指标、基金的运营成本等；产出项包括超额预期收益（或预期收益）、随机占有指标、各种传统的基金业绩评价指数（如 Sharpe 指数、Treynor 指数）等（Antonella，2001）。之所以将各种传统的基金业绩评价指数考虑为产出项，是因为不同的基金业绩评价指数从不同层面考察了投资组合收益与风险状况，它们被投资者广泛接受并作为投资基金运营状况的衡量。与传统的投资基金业绩评价指标相比，运用 DEA 模型无需对投资者偏好和市场组合等方面做出假设，且能把基金的运营成本和风险因素考虑进去，比较好地解决了基金相对业绩评价问题。

三、样本选取与指标选择

（一）样本数据的选取

本文所研究的样本区间为2009—2011年，所以选取了2008年底以前发行的15只股票型开放式基金作为样本进行业绩评估。数据来源于中国基金网和锐思数据。限于篇幅，表1仅给出了2009年这15只基金收益率的描述性统计和流动性风险值。图2和图3分别给出了2009—2011年15只开放式基金的两种动态流动性风险。

表1　各基金收益率的描述性统计和流动性风险

基金名称	基金代码	平均日收益率(%)	标准差	偏差	J-B统计量	*L-CVaR*	*COL*
华夏成长	000001	−0.106 2	0.008 8	0.171 4	18.97	0.723	0.050
国泰金牛	020010	−0.305 8	0.024 9	0.120 9	1.70	0.753	0.046
华安创新	040001	−0.232 1	0.016 0	0.180 1	4.38	0.76 3	0.085
博时精选	050004	−0.155 1	0.010 2	0.160 7	9.31	0.678	0.072
嘉实服务增值	070006	−0.244 6	0.019 6	0.224 5	12.49	0.758	0.100
长盛成长	080001	−0.080 9	0.006 5	0.053 4	8.10	0.588	0.032
南方隆元	202007	−0.355 8	0.024 4	0.129 1	2.24	0.553	0.056
富国天益	100020	−0.052 6	0.004 1	0.345 6	24.90	0.777	0.111
易方达策略成长	110002	−0.226 0	0.017 6	−0.002 7	10.82	0.785	0.037
国投瑞银景气	121002	−0.059 2	0.005 2	0.141 0	24.32	0.606	0.056
宝盈策略增长	213003	−0.246 8	0.017 5	0.054 4	17.41	0.738	0.084
银河稳健	151001	−0.088 5	0.007 3	0.130 5	21.12	0.598	0.059

（续表）

基金名称	基金代码	平均日收益率(%)	标准差	偏差	J-B统计量	*L-CVaR*	*COL*
泰达宏利成长	162201	−0.119 3	0.010 6	0.028 5	26.76	0.699	0.090
中银增长	163803	−0.223 2	0.018 4	0.082 7	3.68	0.646	0.054
长城消费增值	200006	−0.100 4	0.007 8	0.243 3	7.45	0.676	0.047

统计结果显示，各基金日收益率呈现明显的正偏，J-B 检验的尾概率明显大于 0.05，检验结果不显著，服从正态分布。

通过比较图 2 和图 3 可以看出，不同的开放式基金之间，赎回风险和资产自身的流动性风险的相对大小基本保持一致。在图中表现为 *L-CVaR* 曲线和 *COL* 曲线的趋势大体相同。只有 2009 年中的易方达基金，赎回风险和资产自身流动性风险的相对大小有明显区别。

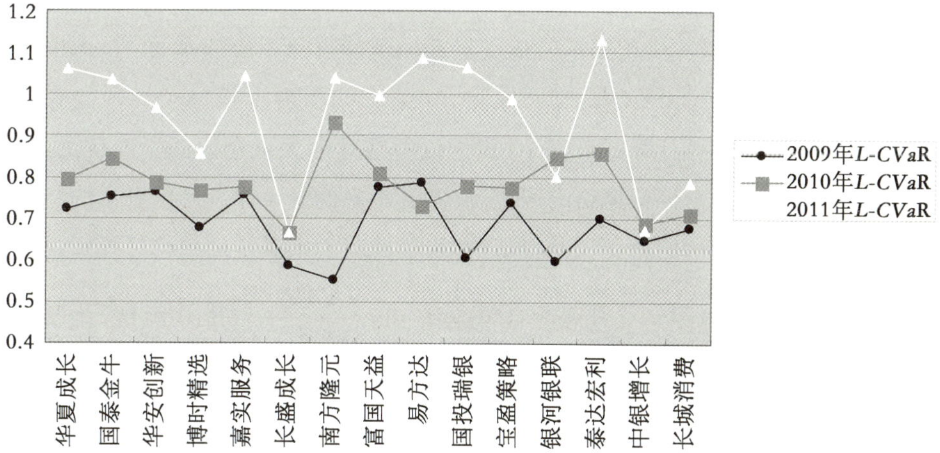

图 2　开放式基金的赎回风险(*L-CVaR*)

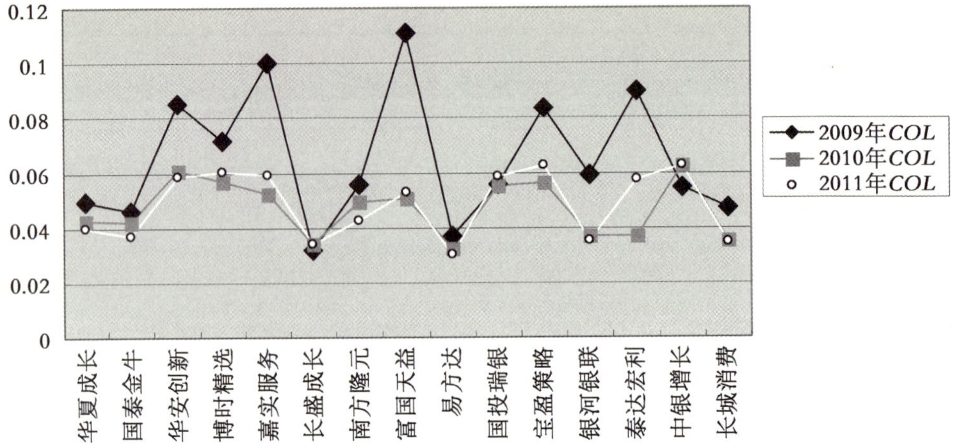

图3 开放式基金资产自身的流动性风险（COL）

（二）DEA投入、产出指标选择

运营成本是投资基金运作的基本投入，因此我们将其作为投入指标，基金的运营成本为每单位基金份额的运营成本（基金管理费、基金托管费等各项费用总和）；其次，基金的风险指标也是一项重要的投入指标，分为价格风险指标和流动性风险指标，其中价格风险的度量指标选择投资组合的 β 系数，选用资产自身流动性风险——*COL*、赎回风险——*L-CVaR* 两个指标衡量开放式基金的流动性风险。在计算的过程中，我们仅考虑其十大重仓股的资产状况，基金的持股情况在整个评估期会有所变动，本文考虑的是每年9月份公布的持股状况。基金运作的产出首先是其投资收益，因此我们把基金的单位日投资收益率作为输出指标，这里定义基金的日收益率 $=\ln\left(\frac{NAV_i^t}{NAV_i^{t-1}}\right)$，其中 NAV_i^t 为基金 i 在 t 日的单位基金资产净值，在此基础上计算基金的平均日收益率；考虑到基金的传统业绩评价指数运用的广泛性，我们把Treynor指数、Jenson指数也作为产出指标。在计算Jenson指数时，用上证综合指数对数收益的平均日收益率来表示市场组合收益，其中无风险利率采用了一年期定期存款利率，并根据连续复利的算法转换为日利率。

四、实证结果分析

本文运用DEA模型对15只股票型开放式基金2009—2011年的相对业绩进行了评价。作为对比，我们同时给出了只考虑赎回风险，同时考虑两种流动性风险和没有考虑流动性风险的DEA结果以及Treynor指数和Jensen指数的评价结果（见表2～表4）。

通过观察表2～表4，考虑流动性风险的相对业绩评价结果与不考虑流动性风险的评价结果有明显的差别。从2009年的数据（见表2）可以看出，博时精选在不考虑流动性风险的三种方法中排名比较靠后，但在考虑流动性风险的两种方法中排名进到第8名。从2010年的数据（见表3）可以看出，在其他三种不考虑流动性风险的评价结果基本一致的情况下，考虑流动性风险的评价结果有多只基金的排名明显与不考虑流动性风险的评价结果不同，包括国泰金牛创新成长、长盛成长、易方达、国投瑞银景气、中银增长和长城消费等。而在2011年中（见表4），各基金的表现相当，各指标的得分大体相同，所以各种评价方法的结果差别不是很大。综上所述，流动性风险因素对于基金的评价结果影响显著，在评价指标中纳入流动性风险非常必要。

表2　2009年开放式基金各种评价体系的评价结果

基金名称	只考虑赎回风险的DEA方法		考虑两种流动性风险的DEA方法		不考虑流动性风险的DEA方法		Treynor指数方法		Jensen指数方法	
	指数	排名	指数	排名	指数	排名	指数	排名	指数	排名
华夏成长	0.358	10	0.358	10	0.287	12	0.208 824	9	−0.016 69	10
国泰金牛	1	1	1	1	1	1	0.765 56	1	0.161 312	1
华安创新	0.6	6	0.6	6	0.6	6	0.425 171	5	0.051 055	7
博时精选	0.417	8	0.417	8	0.271	13	0.198 159	11	−0.024 02	13
嘉实服务	0.837	2	0.837	2	0.689	4	0.524 92	3	0.104 659	3
长盛成长	0.261	13	0.312	12	0.255	14	0.163 749	14	−0.023 59	12
南方隆元	1	1	1	1	1	1	0.635 278	2	0.105 388	2
富国天益	0.158	14	0.158	14	0.158	15	0.080 221	15	−0.059 66	15
易方达	0.606	5	0.785	3	0.548	7	0.412 67	6	0.057 913	5
国投瑞银	0.299	12	0.299	13	0.299	11	0.181 312	13	−0.017 85	11
宝盈策略	0.707	4	0.707	5	0.707	3	0.523 471	4	0.082 243	4
银河银联	0.374	9	0.374	9	0.364	9	0.239 77	8	−0.003 62	8
泰达宏利	0.317	11	0.317	11	0.317	10	0.205 771	10	−0.012 63	9
中银增长	0.731	3	0.731	4	0.616	5	0.386 595	7	0.051 473	6
长城消费	0.458	7	0.458	7	0.458	8	0.185 578	12	−0.028 64	14

表 3　2010 年开放式基金各种评价体系的评价结果

基金名称	只考虑赎回风险的 DEA 方法		考虑两种流动性风险的 DEA 方法		不考虑流动性风险的 DEA 方法		Treynor 指数方法		Jensen 指数方法	
	指数	排名	指数	排名	指数	排名	指数	排名	指数	排名
华夏成长	0.639	6	0.693	6	0.628	9	−0.006 77	10	0.011 704	11
国泰金牛	0.582	8	0.609	8	0.484	11	−0.006 88	11	0.015 827	10
华安创新	1	1	1	1	1	1	0.075 274	3	0.027 588	4
博时精选	0.336	10	0.336	11	0.228	13	−0.055 76	14	0.001 586	14
嘉实服务	1	1	1	1	1	1	0.244 291	1	0.075 006	1
长盛成长	1	1	1	1	0.878	4	0.063 547	4	0.029 982	3
南方隆元	0.855	3	0.883	2	0.855	5	−0.006 53	9	0.021 866	6
富国天益	0.789	4	0.818	5	0.766	7	0.001 602	7	0.023 369	5
易方达	0.276	11	0.4	10	0.195	14	−0.047 7	13	0.004 726	13
国投瑞银	0.634	7	0.634	7	0.496	10	−0.00 351	8	0.017 359	9
宝盈策略	0	12	0	12	0	15	−0.132 12	15	−0.023 91	15
银河银联	0.758	5	0.864	4	0.74	8	0.029 321	5	0.020 65	8
泰达宏利	1	1	1	1	1	1	0.093 077	2	0.043 988	2
中银增长	0.873	2	0.873	3	0.784	6	0.013 279	6	0.020 78	7
长城消费	0.452	9	0.498	9	0.395	12	−0.047 01	12	0.005 039	12

表4　2011年开放式基金各种评价体系的评价结果

基金名称	只考虑赎回风险的DEA方法		考虑两种流动性风险的DEA方法		不考虑流动性风险的DEA方法		Treynor指数方法		Jensen指数方法	
	指数	排名	指数	排名	指数	排名	指数	排名	指数	排名
华夏成长	0.989	4	0.989	4	0.989	5	−0.006 77	7	0.011 704	7
国泰金牛	1	1	1	1	1	1	−0.006 88	11	0.015 827	11
华安创新	1	1	1	1	1	1	0.075 274	1	0.027 588	1
博时精选	0.992	3	0.992	3	0.992	4	−0.055 76	8	0.001 586	9
嘉实服务	0.973	7	0.973	6	0.973	8	0.244 291	13	0.075 006	13
长盛成长	1	1	1	1	0.994	3	0.063 547	6	0.029 982	6
南方隆元	1	1	1	1	1	1	−0.006 53	9	0.021 866	10
富国天益	1	1	1	1	1	1	0.001 602	5	0.023 369	5
易方达	1	1	1	1	1	1	−0.047 7	14	0.004 726	14
国投瑞银	0.987	5	0.987	5	0.987	6	−0.003 51	12	0.017 359	12
宝盈策略	0.999	2	0.999	2	0.999	2	−0.132 12	2	−0.023 91	2
银河银联	0.985	6	1	1	0.985	7	0.029 321	10	0.020 65	8
泰达宏利	1	1	1	1	1	1	0.093 077	15	0.043 988	15
中银增长	1	1	1	1	1	1	0.013 279	3	0.020 78	3
长城消费	1	1	1	1	1	1	−0.047 01	4	0.005 039	4

由于不同基金间两种流动性风险的相对大小基本一致，所以考虑一种流动性风险和同时考虑两种流动性风险的评价结果大体相同，只有在2009年的易方达基金的 *COL* 相对较小，使得易方达的排名前进两个名次。所以说资产自身流动性风险大小同样影响了基金的业绩评价。

五、结论

随着我国基金业的不断发展，开放式基金的比重不断加大。由于其随时面临赎回压力，流动性问题不容忽视。特别是自金融危机以来，我国股市流动性风险凸显，对基金管理者特别是开放式基金管理者在流动性风险管理方面提出了更高的要求，流动性风险对基金业绩的影响力更加明显。将流动性风险指标纳入开放式基金的评价体系非常必要。

为了更加全面、客观地对基金进行评价，综合考虑流动性风险的各种因素，本文提出采用了数据包络分析方法(DEA)，从多投入、多产出角度对开放式基金的相对业绩进行评价。该方法不仅将流动性风险指标纳入了评价体系，而且不需要选择市场组合，克服了因选择而造成的结果失真的问题。通过对15只股票型开放式基金进行评价的实证结果表明，基金的流动性风险在基金业绩评价中不容忽视。另外，资产自身的流动性风险也是影响基金业绩的一个重要因素，考虑流动性风险的DEA评价方法能够更加全面客观地评价基金业绩。

参考文献

[1] 付淑换.中国开放式基金动态流动性风险度量研究[M].南京：河海大学，2013.

[2] 黄峰，杨朝军.流动性风险与股票定价：来自中国股市的经验证据[J].管理世界，2007(5)：30－39.

[3] 刘海龙.开放式基金的流动性风险管理研究现状及展望[J].管理评论，2004(6)：3－9.

[4] 刘洋，刘善存.上海股票市场系统流动性风险溢价研究[J].管理学报，2008(2)：263－268.

[5] 罗登跃，王春峰，房振明，等.基于时间序列的上海股市系统风险、流动性风险溢价实证研究[J].系统工程，2005(7)：48－54.

[6] 王灵芝，杨朝军.基于流动性风险调整的基金业绩评估探讨[J].证券市场导报，2009

(10):40－44.

[7] 魏权龄.评价相对有效性的DEA方法——运筹学的新领域[M].北京:中国人民大学出版社,1998:4－56.

[8] 寻明辉.开放式股票投资基金流动性风险的识别、控制和防范研究[D].上海:上海交通大学安泰经济与管理学院,2006.

[9] 邹小芃,黄峰,杨朝军.流动性风险、投资者流动性需求与资产定价[J].管理科学学报,2009(6):139－149.

[10] Acharya, V. V. and L. H. Pedersen, 2005. Asset Pricing with Liquidity Risk[J]. Journal of Financial Economics, No.77, pp.375－410.

[11] Antonella, B. and F. Stefania, 2001. Theory and Methodology: A Data Envelopment Analysis Approach to Measure the Mutual Fund Performance[J]. European Journal of Operational Research, No.3, pp.477－492.

[12] Murthi, B. P. S., Y. K. Choi and P. Desa. 1997. Efficiency of Mutual Funds and Portfolio Performance Measurement: A Non-Parametric Approach[J]. European Journal of Operational Research, No. 98, pp.408－418.

[13] Pastor, L. and R. F. Stambaugh, 2003. Liquidity Risk and Expected Stock Returns [J]. Journal of Political Economy, No. 111, pp.642－685.

A Performance Evaluation Method of Open-end Fund considering the Liquidity Risk——based on DEA Model

Fu Shuhuan, He Shuzi

Abstract: Liquidity can acquire the risk premium as same as the price risk, but the traditional fund evaluation methods barely consider the liquidity risk. The paper uses Data Envelopment Analysis (DEA) to add liquidity risk indicator into the evaluation system of the Fund and the relative performance, and empirically research the relative performance of 15 equity open-end funds. The results show that liquidity risk can not be ignored in the evaluation of the Fund.

Key Words: Fund Appraisal; Liquidity Risk; Data Envelopment Model (DEA)

基于 DEA 模型的商业银行互联网转型绩效研究

谭黎阳[①]　母亚萍[②]

摘　要：近年来，在大数据、云计算等技术的支持下，中国互联网金融快速崛起并对传统金融模式产生较大的影响，再加之金融的开放，金融脱媒、市场利率化、竞争手段的改变使得商业面临更加复杂的竞争局面。面对互联网金融和外资银行的挑战，商业银行纷纷开始互联网转型。为了解转型的效果，本文对商业银行互联网转型的绩效进行了研究。本文首先对商业银行遭遇的市场压力和互联网金融挑战进行分析，进而选择 2012—2014 年的数据，运用 DEA 模型对 10 家代表性商业银行转型前后的绩效展开实证研究。研究表明，商业银行在 2013 年即遭遇互联网金融挑战的初期，绩效受到很大冲击，尤其是建设银行、交通银行、招商银行、中信银行更为显著。但在 2014 年，随着商业银行互联网转型的不断深入，业务得到不断优化，其经营绩效得到了明显改善。由此可见，商业银行进行互联网转型对其改善绩效是有积极作用的，这对于中国传统商业银行在互联网经济时代如何创新发展模式以保持竞争优势有重要的意义。

关键词：DEA 模型；商业银行；互联网金融；绩效

---

① 谭黎阳(1971—)，女，经济学博士，副教授，上海师范大学商学院，研究方向如现代企业理论与实践。
② 母亚萍 (1989—)，女，经济学硕士，上海师范大学商学院，专业为产业经济学。

一、引言

在大数据、云计算等互联网技术的支持下，社交网络、P2P借贷平台、余额宝等产品迅速向金融领域渗透，从而使商业银行面临着支付脱媒、融资脱媒、信息脱媒的多重挑战。但同时也为商业银行提供了转型和发展的机遇。在新的形势和环境下，传统银行在应对互联网金融的挑战，从冷眼旁观到悄悄准备，再到现在紧锣密鼓地谋划互联网转型战略布局。根据中国互联网络中心(CNNIC)发布的《第335次中国互联网发展状况统计报告》显示，截至2014年12月，我国网上支付用户数达到3.04亿，较2013年底增加了4 412万人，增长率为17%。手机用户规模达到了2.17亿人次，增长率达到73.2%。

随着互联网技术的快速发展，人们的生活习惯也随之发生了很大的变化。商业银行传统的线下业务受到了很大的冲击。由于利率市场化的改革，传统银行利润收窄。互联网金融的兴起，除了大型国有银行外，其他各类银行的物理网点都受到了限制，线下业务发展遭遇瓶颈。面对互联网金融的冲击，商业银行也积极地拥抱互联网技术。线上端，除了发展较早的网上银行、电子银行等业务外，商业银行还积极推出了微信银行、直销银行以及自建电商服务平台等网上服务渠道，来满足客户多样化的需求，线下端也不断地改进和创新。各商业银行相继推出便捷银行社区服务网店，以此来满足特定金融消费圈的特殊服务要求。商业银行在渠道建设方面也不断地创新，整合用户多种电子账户为单一账户。同时，由于互联网电商平台的不断挑战，商业银行也开始重视电商平台的布局，包括采取将个人、企业、政府作为主要服务对象，建设互联网电商和移动电商金融平台，以及加强与第三方平台的合作等举措。近日，北京银行已正式与阿里旗下的芝麻信用签约，利用大数据的优势，来提升银行客户的信用评估效率，帮助银行能够更好地甄别客户，降低风险，从而有利于银行为消费者提供更为快捷、便利的授信和借贷等金融服务。

面对互联网及互联网金融的冲击，商业银行纷纷开展互联网转型创新业务，正是在这样的背景下，本文对商业银行进行互联网转型的绩效进行实证研究，以了解转型对绩效的影响。

二、相关理论和文献综述

（一）相关理论

（1）互联网金融概念。谢平最先在国内公开提出"互联网金融"这一概念。他认为互联网金融涵盖了从传统银行、证券、保险、交易所等金融中介和市场到瓦尔拉斯一般均衡所对应的金融中介和市场情形之间的所有金融交易和组织形式。

（2）互联网经济学理论。互联网经济学这一概念是 Mcknic 和 Baley 在 1995 年出版的《互联网经济学》一书中提出的。在此书中，明确地阐述了互联网经济学是一门专门研究互联网服务的经济学。通过互联网可以降低信息的传递成本，挤压简单信息差利润空间，同时还可以降低信息不对称的程度。金融领域利用互联网活动边际效应递增归路可以使金融服务体系得到进一步的优化，使得资金融通在时间、空间和数量的边界上得到进一步扩展。

（3）长尾理论。Chris Anderson 在 2004 年发表的"The Long Tail"一文中最早提出长尾理论。他是通过系统地研究亚马逊、狂想曲公司、Blog、Google、eBay、Netflix 等互联网零售商的销售数据，并与沃尔玛等传统零售商的销售数据进行对比，观察到的一种符合统计规律的现象——长尾现象。所谓长尾理论，是指只要产品的储存和流通渠道足够多，需求不旺或者销售不佳的产品所占市场份额可以和那些少数热销产品所占据的市场份额相匹敌甚至更大。互联网为这些非热销产品提供平台，从而彻底颠覆了"二八理论"。

上述理论成为本文分析互联网经济给银行的影响及传统业务转型的基础。

（二）文献综述

1. 互联网金融模式研究

美国是率先将互联网技术运用于金融行业的，Economides（2001）的研究表明，互联网技术打破了空间的限制，极大地提高了美国银行金融部门的规模经济，使得美国商业银行能够通过并购，迅速扩大规模经济。但是，美国并没有直接使用"互联网金融"这一专用名词，而是用电子金融（E-Finance）、电子银行（E-Banking）等多种称谓。最早提出"互联网金融"一词的是我国学者谢平（2012），其提出互联网金融是有游离于传统商业银行间间接融资和直接融资之外的“第三种”融资模式,将会对商业银行带来颠覆性的冲击。牛锡明(2013)则认为,互联网金融业务更多地体现为一种辅助性、补充性的金融业务,其涉及实体性业务较少。乔海曙、吕慧敏(2014)认为,KMRW声誉模型、互联网经济学理论、梅特卡夫定律、长尾理论为互联网金融的产生和发展提供了理论依据。

2. 互联网金融与商业银行关系研究

互联网金融的出现,对商业银行带来很大的挑战。Schenone(2004)针对P2P模式进行分析,认为其优势是可以降低贷款利率,相对传统金融中介具有较低的成本。姚文平(2014)全面阐述了互联网金融在全球范围中突破性的发展,认为互联网金融一方面对传统金融业带来了冲击,另一方面也对传统金融业的发展起到了推动的作用,尤其是银行业要借助互联网金融形成战略联盟,双方优势互补以寻求更大的利益回报。王达(2014)从网络经济学的视角通过对美国互联网经济学的发展研究表明,互联网金融的发展固然会对传统金融机构产生冲击,但是互联网金融与传统金融是竞争与融合并存的关系,其中融合是主流。郭娜(2014)以金融共生理论为切入点,首先对金融共生的基本要素及共生关系的判定标准进行介绍,然后运用Logisitic增长模型,对互联网金融和传统金融的共生性进行实证分析。根据实证分析结果,提出了互联网金融与传统金融共生发展的路径选择。冉茂东(2014)通过对互联网金融模式的研究,分析了互联网金融发展对传统银行的影响,并得出了互联网金融模式填补了传统银行的空缺,抢占了传统银行市场份额的结论,并提出了传统银行应该不断完善自身、进行变革等建议。

3. 商业银行绩效研究

经济学、管理学、工程学等学科过去几十年的研究表明,DEA被认为是识别和分析绩效评价数据的最有效方法。A. Charnes, W. W. Cooper 和 E。Rhodes于1978年基于相对效率评价概念提出了运用DEA模型进行绩效评价的方法。Milund & Ssthye(2007)使用DEA对印度商业银行绩效进行研究,并且通过DEA模型提出了银行间的资源重新配置方案。我国的学者杨宝辰、刘铮等(1999)较早利用了DEA方法对我国某一地区的农业银行进行绩效评价,建立了有效的评价体系且评价结果与实际情况基本相符。陈维杰(2010)运用DEA方法,以11家商业银行为研究对象,构建了商业银行绩效评价体系。

其研究表明,国有银行在运营、获利和发展 3 大指标下的整体绩效水平低于非国有银行绩效。王帅(2012)运用 DEA 对我国上市商业银行在 2005—2009 年的绩效水平进行评价,并根据评价结果提出了提高商业银行绩效水平的建议。张永辉等(2015)结合现代银行的特点,选取了 10 家上市公司建立了 DEA 模型,对上市银行的绩效进行评价。

当然,也有一些学者运用其他方法研究商业银行绩效。闵德寅(2014)根据 16 家上市银行 2003—2013 年的财务数据,运用二阶段工具变量法研究了网上银行业务与我国商业银行绩效之间的关系。实证结果显示,网上银行业务与银行的绩效存在显著的正相关关系。王节等(2015)利用因子分析法得出城市商业银行和股份制银行的经营效率优于国有银行,中小银行对我国不断变化的金融市场的适应能力更好。

相关文献研究表明,对商业银行的绩效分析经历了财务指标到与非财务指标相结合的发展阶段,而 DEA 模型是银行绩效研究的主要工具。本文在前人研究的基础上,将财务指标与非财务指标相结合,运用 DEA 模型,同时选择 2012—2014 年更具时效的数据来研究互联网转型对银行绩效的影响。

三、商业银行遭遇的市场压力及进行互联网转型的原因

(一) 外资银行加速本土化

随着外资银行在我国地域和客户等方面的限制逐步被取消,外资银行逐渐享有更多与中资银行同等的待遇。外资银行的人民币业务、衍生品交易业务快速发展。客户逐步向本土化延伸,与中资银行展开了激烈的竞争。除此之外,外资银行的资产质量方面远远优于我国商业银行。在 2014 年,外资银行不良贷款率仅仅占境内银行总的不良贷款率的 0.9%,而我国国有银行则占 58.4%,股份制商业银行占 18.8%,农村商业银行占 12.3%,城市商业银行占 0.9%,由此可以看出,外资银行在资产安全管理方面远远优于商业银行。

(二) 开放民间资本开办银行

为了进一步推进银行业的改革,银监会主席在《主动适应新常态推进银行

① 数据来源:Wind 数据库。

业稳健发展》答记者问中谈及，将积极扩大民间资本进入银行，扩大民间资本参与机构重组的范围。我国商业银行和民营企业同台竞技，对商业银行的服务效率、服务质量以及经营质量都带来了很大的挑战。同时，民营资本银行在经营管理模式上也有很大的创新。例如，深圳微众银行结合互联网，提供高效和具有差异化的金融服务。它不仅引用了国际的银行风控体系，而且在此基础上还运用了大数据等技术进行风险控制。

（三）互联网金融的快速发展

互联网金融的迅速崛起，突破了传统商业银行时间和空间的限制。互联网金融的快速崛起，为传统金融行业发展带来了威胁。主要表现在以下几个方面。

首先，从支付端来看，互联网金融模式是以移动支付为基础，通过无线通信技术、移动通信设备转移货币以清偿债权债务关系。2013 年以来，支付宝、财付通等第三方支付手段成为线上支付的主流，进一步加速了金融脱媒，使商业银行的支付中介功能边缘化。截至 2015 年 1 月，已有 266 家第三方支付企业具有央行颁发的支付业务许可证。目前，第三方支付业务范围已经涵盖了移动电话支付、银行卡支付、预付卡发行受理、互联网支付等，对商业银行业务带来了很强的替代效应。根据研究数据显示①，2014 年第三方互联网支付交易规模超过 8 万亿元，同比去年增长 50.3%。第三方支付企业已经将业务悄悄渗透到银行的核心业务。传统银行在交易过程中，客户的交易信息和消费信息是被隔离开的，而第三方支付将其结合起来，对银行交易链的重构有着釜底抽薪的颠覆性作用。其次，从负债端来看，自余额宝等一系列产品兴起以来，其收益率大大高于银行的活期存款收益率，因此互联网金融对银行的活期存款带来了很大的冲击。同时，大规模资金外流加速了中国利率市场化进程。再次，从资产端来看，虽然人人贷、拍拍贷等 P2P 网贷平台主要从事个人消费信贷、小微金融业务，与传统银行所覆盖的客户有很大的差别，但随着时间的推移，这种新型的网络借贷方式所覆盖的客户会与传统银行业覆盖的客户有所交集。

除此之外，用户为王、产品优先和注重客户体验的互联网思维对传统金融

---

① 数据来源：艾瑞咨询。

思维也产生了很大的冲击。互联网获取客户和流量能力比传统商业银行要大很多。互联网客户有很高的黏性,而传统商业银行获取客户的方法迟缓而且笨重,在这方面商业银行与互联网企业存在很大的差距。

在上述市场压力和互联网金融的挑战下,我国商业银行从 2013 年开始纷纷进行互联网转型的尝试,以期创新运营业务来保持竞争优势。

四、我国商业银行互联网转型对绩效的影响机制分析

(一)商业银行互联网转型对成本端影响

长期以来,商业银行只是把物理网点的扩张和人员结构的优化作为促进业务发展的主要手段。银行之间竞争还局限在增加物理网点数量、延长工作时间等简单粗放的形式①。许多中间业务处理仍然是手工操作,服务质量和效率都是比较低的。商业银行互联网转型,促使银行从手工劳动中解放出来。首先,降低了客户对柜台业务的需求。客户可以直接通过网上银行办理查询、转账、汇款等业务。其次,商业银行利用微信这一当前流行的社交平台进行推广、运营,大大降低了经营成本,从而降低客户对物理网点的依赖,从而可以大大地节省人工成本。再次,互联网征信系统正在被传统银行采用。银行采用大数据、云计算等技术,不仅涵盖了个人网上消费支付、网络信贷、出行住宿、通信缴费等方面,而且还录入了个人的社交信息,一方面将提升银行客户的信用评估效率,帮助银行更好地甄别客户,降低风险;另一方面将大大降低银行的信息搜寻成本和人工成本。

(二)商业银行互联网转型对收入端的影响

互联网金融的兴起,不仅仅分流了商业银行的储蓄存款业务,直接影响到了商业银行的放贷能力,还挤压了商业银行的中间业务,对商业银行非利息收入带来了很大的冲击。

但是,商业银行依然存在天然的优势。面对消费者习惯的改变和金融脱媒的加速,商业银行在互联网转型道路上不断探索。商业银行打破了原有的简单

---

① 闵德寅.银行互联网化对商业银行绩效的影响—基于网上银行业务的实证分析[J].财经市场,2014(12):94-96.

的客户群体划分方法，将客户需求进行精细化管理，加速进行社区金融、电子银行、网贷平台和电商平台等互联网业务的建设，努力发掘每个客户被忽视的需求，形成了一个巨大的长尾市场。客户可以通过网上银行足不出户全天24小时办理业务，增加了客户对商业银行的黏性，使得商业银行的客户源得到巩固。商业银行围绕小微金融、社区金融、财富管理等业务，进行产品创新、交叉销售增加客户忠诚度为手段，实现了零售业务规模上升。根据Wind数据库数据显示，2014年个人贷款利息收入，工商银行为1 646.12亿元，较2013年增长13.36%；农业银行为1 385亿元，较2013年增长21.2%；中国银行为1 211.87亿元，较2013年增长28.4%；建设银行为1 580.83亿元，较2013年增长20.92%①。

五、商业银行互联网转型对绩效影响的实证分析

（一）模型和样本的选取

本文选取了DEA模型来研究商业银行互联网转型对绩效的影响。目前我国商业银行有大型商业银行5家。中小商业银行包括11家股份制商业银行和110家城市商业银行。鉴于代表性原则，本文选取了5家大型商业银行和5家股份制银行，它们分别为：工商银行、中国银行、农业银行、建设银行、交通银行、招商银行、浦发银行、民生银行、兴业银行、中信银行。

（二）变量说明

本文选取了5个投入产出指标。其中投入变量包括电子银行替代率、信用卡发卡累计量、银行卡手续费、资产总额四个指标。利润总额作为产出变量。

（三）数据的选取

在互联网金融的快速发展和金融市场开放下，根据证监会公布的数据显示，2012年我国商业银行利润增速显著变缓，我国商业银行纷纷进行互联网转型，因此，本文样本选取2012—2014年的数据来研究商业银行互联网转型对绩效的影响。数据来源于各商业银行年报、Wind数据库及相关报道。为了提高分析结果的有效性，本文首先对数据采取了无量纲化处理。

---

① 数据来源：Wind数据库。

（四）结果的输出

本文通过Matlab编程对经过无量纲处理的数据进行DEA分析，得到了以下的结果。

1. 2012年实证结果

表1 2012年10家商业银行的DEA分析结果

	θ	S_1^-	S_2^-	S_3^-	S_4^-	S^+	scale
工商银行	1.000	0.000	0.000	0.000	0.000	0.000	1.000
中国银行	1.000	0.000	0.000	0.000	0.000	0.000	1.000
农业银行	1.000	0.000	0.000	0.000	0.000	0.000	1.000
建设银行	1.000	0.000	0.000	0.000	0.000	0.000	0.786
交通银行	1.000	0.000	0.000	0.000	0.000	0.000	0.814
招商银行	1.000	0.000	0.000	0.000	0.000	0.000	0.997
浦发银行	1.000	0.000	0.000	0.000	0.000	0.000	1.000
民生银行	1.000	0.000	0.000	0.000	0.000	0.000	0.900
兴业银行	0.972	0.123	0.000	0.000	0.000	0.000	0.960
中信银行	1.000	0.000	0.000	0.000	0.000	0.000	0.808

从表1可以看出，除了兴业银行外，其余九家商业银行 $\theta=1, S^-=S^+=0$，说明它们是确定性DEA有效。兴业银行 $\theta<1$，说明兴业银行为非确定性有效。从规模报酬来看，兴业银行是规模收益递减的，说明其现有资源的配置已经不合理，不能再增加资源投入了，应该相应地削减规模或者是提高资源的利用效率。

表2 兴业银行DEA无效投入改进情况

		电子替代率	信用卡累计发卡量	银行卡手续费	总资产
兴业银行	原始值	0.236	0.013	0.026	0.041
	改进值	0.107	0.012	0.023	0.040
	改进值%	54.66%	7.69%	11.54%	2.44%

从表2可以看出,兴业银行电子替代率可减少的幅度为54.7%,由此可见兴业银行电子银行业务发展过快,从而降低了效率。处于规模报酬递减阶段的兴业银行,应该适当地缩减其发展规模,以实体经营为依托稳步发展。

2. 2013年实证结果

表3　2013年10家银行DEA实证结果

	θ	S_1^-	S_2^-	S_3^-	S_4^-	S^+	scale
工商银行	1.000	0.000	0.000	0.000	0.000	0.000	1.000
中国银行	1.000	0.000	0.000	0.000	0.000	0.000	1.000
农业银行	1.000	0.000	0.000	0.000	0.000	0.000	1.000
建设银行	0.870	0.000	0.012	0.068	0.026	0.000	0.796
交通银行	0.980	0.000	0.013	0.016	0.006	0.000	0.769
招商银行	0.989	0.000	0.034	0.000	0.000	0.000	0.967
浦发银行	1.000	0.000	0.000	0.000	0.000	0.000	1.000
民生银行	1.000	0.000	0.000	0.000	0.000	0.000	0.994
兴业银行	1.000	0.123	0.000	0.000	0.000	0.000	0.910
中信银行	0.986	0.000	0.008	0.001	0.000	0.002	0.817

从表3中可以看出,有六家商业银行$\theta=1$,$S^-=S^+=0$,表现出了确定性DEA有效。它们分别是工商银行、中国银行、农业银行、浦发银行、兴业银行。有四家商业银行$\theta<1$,表现出非确定性DEA有效。他们分别是建设银行、交通银行、招商银行、中信银行。四家$\theta<1$的商业银行根据其θ的排序,其经营绩效从优到劣的顺序为:招商银行、中信银行、交通银行、建设银行。从规模收益来看,四家银行均处于规模收益递减,说明其资源配置已经不合理,应该适当降低资源投入或者提高资源利用效率。

表 4　4 家非确定性 DEA 有效商业银行无效投入改进情况

		电子替代率	信用卡累计发卡量	银行卡手续费收入	总资产
建设银行	原始值	0.107	0.054	0.206	0.177
	改进值	0.093	0.035	0.111	0.128
	改进值(%)	13.08%	35.19%	46.12%	27.68%
交通银行	原始值	0.094	0.032	0.071	0.069
	改进值	0.092	0.018	0.054	0.061
	改进值(%)	2.13%	43.75%	23.94%	11.59%
招商银行	原始值	0.111	0.054	0.066	0.046
	改进值	0.109	0.019	0.066	0.046
	改进值(%)	1.80%	64.61%	0	0
中信银行	原始值	0.097	0.022	0.045	0.042
	改进值	0.096	0.014	0.044	0.041
	改进值(%)	1.03%	36.36%	2.22%	2.38%

从表 4 中可以看出，在电子替代率方面，除了建设银行改进百分率为 13.08%，其他商业银行需改进的幅度都比较小。信用卡发卡量需改进的幅度普遍提高，其中招商银行达到了 64.61%，交通银行其次，达到了 43.75%，中信银行达到了 36.36%，建设银行达到了 35.19%。银行卡手续费收入方面，建设银行手续费收入降幅最多达到 46.12%，交通银行降幅达 23.94%，中信银行降幅达 2.22%，招商银行没有降低。总资产方面，工商银行降幅达 27.68%，其他商业银行降低幅度比较少。从投入角度来看，这四家商业银行发行了大量的信用卡，但有大量的睡眠卡，并没有推进商业银行的电子银行业务。从产出角度来看，在现有的规模下，商业银行本该有更好的收益，但是除了招商银行银行卡手续费收入、总资产没有降低外，其他两家银行均有不同程度的下降。

3. 2014年10家商业银行DEA分析结果

表5 2010年10家商业银行的DEA分析结果

	θ	S_1^-	S_2^-	S_3^-	S_4^-	S^+	scale
工商银行	1.000	0.000	0.000	0.000	0.000	0.000	1.000
中国银行	1.000	0.000	0.000	0.000	0.000	0.000	1.000
农业银行	1.000	0.000	0.000	0.000	0.000	0.000	1.000
建设银行	1.000	0.000	0.000	0.000	0.000	0.000	1.000
交通银行	1.000	0.000	0.000	0.000	0.000	0.000	0.782
招商银行	1.000	0.000	0.000	0.000	0.000	0.000	0.889
浦发银行	1.000	0.000	0.000	0.000	0.000	0.000	1.000
民生银行	1.000	0.000	0.000	0.000	0.000	0.000	0.853
兴业银行	0.992	0.123	0.000	0.000	0.000	0.000	0.884
中信银行	0.989	0.001	0.008	0.000	0.000	0.000	0.762

从表5中可以看出，兴业银行和中信银行 $\theta<1$，为非确定性DEA有效。其余八家银行 $\theta=1, S^-=S^+=0$，表现出确定性DEA有效。

表6 2家非确定性DEA有效商业银行无效投入改进情况

		电子替代率	信用卡累计发卡量	银行卡手续费收入	总资产
兴业银行	原始值	0.097	0.012	0.036	0.046
	改进值	0.096	0.010	0.023	0.045
	改进值(%)	1.03%	16.67%	36.11%	2.17%
中信银行	原始值	0.105	0.022	0.052	0.043
	改进值	0.103	0.014	0.052	0.042
	改进值(%)	1.90%	36.36%	0	2.33%

从表6可以看出，电子替代率方面，兴业银行和中信银行需改进幅度都较低，分别为1.03%和1.90%。信用卡累计发卡量方面，兴业银行需改进的幅度为16.67%。中信银行需改进的幅度较2013年不变，为36.36%。银行卡手续费收入方面，兴业银行手续费收入降幅达到36.11%，中信银行则没有降低。总

资产方面，兴业银行降低了2.17%，中信银行降低了2.33%，较2013年降低幅度有所下降。

（五）结论

运用DEA模型对10家代表性商业银行从2012—2014年的实证结果研究表明，互联网金融在2013年对商业银行绩效造成了很大的冲击，尤其是建设银行、交通银行、招商银行、中信银行从2012年的确定性DEA有效转变为非确定性DEA有效。商业银行在2013年绩效下降可能存在两方面的原因：一方面是商业银行互联网转型初期，资源利用率较低；另一方面是2013年第三方支付等各类互联网金融的迅速崛起，对商业银行业务造成了很大的冲击。但是，在2014年，随着商业银行互联网转型的不断深入，业务不断的优化，其绩效得到了明显的改善。在2014年，建设银行、交通银行、招商银行从2013年的非确定性DEA有效转变为确定性DEA有效。虽然，中信银行仍然表现出非确定性有效，但是，相比较2013年，中信银行业务也得到了显著的优化，其银行卡手续费收入业务下降幅度从2013年的2.22%变为0。由此可见，商业银行互联网转型对其改善绩效是有积极作用的，这对于中国传统商业银行在互联网经济时代如何创新发展模式以保持竞争优势有重要的意义。

六、关于商业银行互联网转型思考

面对互联网金融的挑战，银行虽然做出了反应，自己设商城、做手机银行、布局直销银行、做P2P业务和设计互联网金融产品等。目前，银行也拥有一部分客户通过互联网渠道办理各种业务，包括PC端网银、手机银行等，柜台替代率已经在逐步提高。

但是，从上述结果可以看出，商业银行对市场的变化应对能力很弱，业务结构还存在一定的问题。因此，商业银行在互联网转型的过程中要注意以下几方面：第一，在互联网转型过程中，商业银行需要准确定位，探索适合本行业特点的转型战略。商业银行只有立足于自身的优势，明确市场目标来开创新服务，更好地满足客户的个性化需求。第二，加强线上线下业务的联动。商业银行应该积极了解当前客户的消费习惯，抓住当前客户需求的变动，通过直销银行、社区银行等模式使线上和线下服务渠道融合、互通。第二，提高对大数据的挖掘和深层分析能力。互联网技术的发展，使得大数据分析市场需求成为现实。在银行的内部，应该全面推行用数据进行决策、信息创造价值的理念，注重专业数据分析队伍的培养。利用大数据技术把握、预测市场和客户的应为，利用数据来指导工作和制定政策、措施，做到精准营销和精细化管理。第四，加强与第三方合作，进一步完善征信机制。传统商业银行信用评估主要是通过信贷记录和公共机构的数据。而利用互联网技术，还可以通过个人网上消费记录、网络信贷、出行住宿、通信缴费和个人网络社交等方面的信息，利用云计算超强的计算能力对客户进行全面的评估，从而帮助商业银行提高效率、降低运行成本和评估风险。

参考文献

[1] 乔海曙，吕慧敏.中国互联网金融理论研究最新进展[J].金融论坛，2014(7)：24－29.

[2] 王达.美国互联网金融的发展及中美互联网金融的比较——基于网络经济学视角的研究与思考[J].国际金融研究，2014(12)：47－57.

[3] 冉茂东.互联网金融模式对传统银行的影响[J].金融市场，2014(7)：86－88.

[4] 闵德寅.银行互联网化对商业银行绩效的影响——基于网上银行业务的实证分析[J].财经市场，2014(12)：94－96.

[5] 陈维，刘晓星.大数据时代我国商业银行互联网金融的发展[J].调查研究，2015(3)：33－35.

[6] 王节，赵俊画.我国商业银行经营绩效因子分析[J].现代商贸工业，2015(7)：116－117.

[7] 孙世重，尹程，万先云，等.我国商业银行经营转型的趋势、问题和绩效评价[J].金融监管研究，2014(5)：51－66.

[8] 王萌.我国电子银行业务对商业银行绩效的影响评价——基于 DEA 模型的实证研究[M].大连：东北财经大学，2013.

[9] 梁璋，沈凡.国有商业银行如何应对互联网金融模式带来的挑战[J].互联网金融，2013(7)：47－51.

[10] 谢平，邹传伟.互联网金融模式研究[J].金融研究，2012(21)：11－22.

[11] 陈伟杰.基于 DEA 方法的我国商业银行绩效评价研究[M].东北：哈尔滨工业大学，2010.

[12] 王帅.基于 DEA 与 BSC 相结合的上市商业银行绩效评价研究[J].价值工程，2012(8)：

104－106.

[13] 袁新峰.关于当前互联网征信金融征信发展的思考[J].征信，2014(1)：39－42.

[14] 张永辉，周涵妮.基于 DEA 的中国上市银行的绩效评价[J].现代商业，2015(22)：86－87.

[15] 克里斯·安德森.长尾理论[M].北京：中信出版社，2006.

[16] Allen，H.Haukins，J.，and Sato，S.，2001.Electronic Trading and Its Implications for Financial Systems，BIS Papers Chapters with Number 07－04.

[17] A.Charnes，W.W.Cooper and E.Rhodes，1978.Measuring The Efficiency Of Decision Making Units[J]. European Journal of Operational Research.2：PP.429－444.

[18] Milund，Ssthye，2007.Efficiency of Banks In A Developing Economy：The Case of India[J].School of Accounting，Banking and Finance.5：PP.61－68.

The performance research based on the dea model of the Internet transformation of commercial bank

Tan Liyang，Mu Yaping

Abstract：In recent years，with the support of big data and cloud computing technology，the Internet financial development rapidly which tend to reverse the traditional financial mode. Coupled with financial liberalization，financial disintermediation，interest rate marketization，competition means change makes commercial face more complex competitive situation. And it has made a big impact on traditional commercial bank's business. In the face of the challenge of the Internet financial and foreign banks，commercial bank began to transform to internet.In order to acknowledge the performance of Internet transformation of commercial banks. First，we introduce the threat of commercial bank which made by Internet financial in this paper. Second，we select the data from 2012 to 2014 and analyze the performance of 10 representative commercial banks based on the DEA model in this paper. The result shows that the performance of commercial bank in we found that the rapid rise of the internet financial cause a great impact on commercial performance. China construction bank，bank of communication on has been a great impact in 2013 which is the intial period of Internet financial rapidly developed, especially the Construction Bank, Bank of communications, China Merchants Bank, CITIC Bank.But in 2014, with the continuous deepening of the transformation of commercial banks, business has been optimized and the operating performance has been significantly improved, which shows that the transformation of internet has a positive effect on the improement of its performance, how to innovate and develop in order to maintain the competitive advantage.

Key Words: DEA Model; Commercial Bank; Internet Bank; Performance

打车类手机软件的现状和发展趋势分析

龚秀芳[①]　杜慧莲[②]

摘　要：随着电子商务与移动支付的发展，一种新兴的电子商务模式——O2O 模式正在改变着人们的“打车”方式。滴滴打车、快的打车等一大批打车类手机软件的出现，大大改善了“打车难”和“空载率高”等问题。但同时引发了出租车市场的不规范，也引发了人们的诸多争议。规范打车行业标准、提高服务质量、扩大服务范围、为更多的民众服务将成为下一阶段打车软件市场发展的主线。本文介绍了中国打车软件的发展过程，分析了其发展中存在的问题，提出了解决问题的设想，并对打车软件的发展趋势进行分析。

关键词：打车软件；移动电子商务；移动支付；O2O 模式

一、引言

近年来，作为电子商务服务模式的一种创新，打车 O2O 模式正在改变着人们的“打车”方式，打车类手机软件发展迅速，吸引了大批用户。人们往往认为“打车难”的问题是因为供需严重失衡引起的，而人们却看到很多的出租车都是空载状态，而当乘客拦下出租车时，司机会说自己正在换班途中或者说乘客所去方向相反或者太远。其原因就是乘客与司机之间的信息不对称，无法及时获

① 龚秀芳(1964.3—)，女，上海师范大学商学院副教授，研究领域为电子商务、数据分析。
② 杜慧莲(1992.2—)，女，上海微创软件股份有限公司，从事方向为 IT 开发编程类岗位招聘及相关数据分析。

取双方需求造成的。打车软件原本是基于LBS(地理位置)的一种服务,作为新兴的移动手机APP,打车软件解决了信息不对称的问题,在生活上为人们带来了很大的便利性,因此迅速吸引了海量的用户,但是,打车软件行业仍然存在着诸多不足之处,包括打车软件的一些不规范使用、打车软件企业盈利模式不清晰等问题,加之国外打车软件的入侵,使得人们对其发展前景表示堪忧。本文运用文献调查法,着重分析中国打车软件的现状及问题,提出相应的解决方案,并分析打车软件将来的发展趋势。

二、打车类手机软件的现状分析

就打车软件本身来说,作为中国市场的新生事物,从2011年发展至今,它为人们的生活出行带来了很大的便利,取得的成果也是显而易见的。打车软件的发展主要可以分为以下几个阶段。

第一,打车软件的崛起阶段。2011年底到2012年初,国内的打车软件迅速崛起,摇摇招车、打车助手、打车小秘、微打车,以及2012年7月推出的快的打车和2012年9月投入市场的滴滴打车。其中,快的和滴滴打车软件迅速开拓了中国市场。

第二,两大打车软件的高额补贴阶段。2014年1月起,滴滴打车和快的打车相继实行高额补贴,据有关数据显示,滴滴、快的在2014年第一季度就"烧钱"19亿元[1]。在此期间,滴滴打车得到腾讯的融资,与微信支付相结合,开拓了移动支付的新端口;而快的打车则同阿里合作,并进一步与支付宝结合,吸引了大量的用户。随着两大软件的补贴竞争,也迫使其他一些打车软件退出了竞争市场。在这场高额补贴之战中,两大打车软件各自换取了超亿用户,确立了彼此的企业地位。打车软件通过打车补贴来抢占移动端的支付客户,让O2O模式、移动支付等概念深入到老百姓的生活中,继而培养人们移动支付的习惯。

第三,两大打车软件的后补贴阶段。打车软件的高额补贴毕竟不是长远的发展规划,总归会趋于消散的。2014年5月17日,滴滴打车和快的打车开始取消乘客端的返回现金补贴,但是对司机端的补贴还是保留。2014年8月10日,根据快的和滴滴的消息显示,两家司机端实行的现金补贴也正式取消。随着打车软件补贴的取消,用户黏度必然会受到一定的影响,但是,打车软件也在不断地创新技术，探索新的盈利模式，相继推出了多种创新性服务。为了更好地发展，2015 年 2 月 14 日，两大打车软件联合发布声明，宣布两家实现战略合并。合并后的公司采用联合 CEO 的公司治理模式，由滴滴 CEO 程维和快的 CEO 吕传伟联合担任 CEO，共同管理公司。两家公司保持人员架构不变，业务平行发展，并保留各自的品牌和业务的独立性，以免造成混乱和冲突并由此导致管理层面的扯皮和内耗。

此外，在后补贴时代，政府也在逐步规范打车软件市场，使得市场朝着良性、健康的方向发展。交通运输部在 2014 年 7 月 17 日颁布的《关于促进手机软件召车等出租汽车电召服务有序发展的通知》[2]中，首次在国家层面上确定了打车软件的合法性，肯定了移动商务在交通行业应用中的创新价值。交通运输部在 2015 年 1 月 8 日对专车服务进行说明：专车服务对满足高品质、多样化、差异性的运输市场需求具有积极作用，服务时应当遵循运输市场规则，要承担应尽的责任，禁止私家车接入平台参与经营。

三、打车类手机软件的现存问题及解决方案分析

（一）打车类手机软件的现存问题分析

打车软件虽然在不断地发展，但是，仍然存在着很多问题，也面临着一些挑战，我们必须将其存在的问题展开分析，这才能让我们对正处于“后补贴时代”的打车软件的困境有更加深入的思考。

（1）司机方面。司机在行使的过程中，需要通过打车软件进行接单交易，并经常要看清乘客的订单目的地来进行抢单，这样就免不了边驾驶汽车边用手机抢订单的频繁操作，容易导致在行驶途中出现意外，危害他人或者自身的人身安全。而且，出租车司机为了集中精力抢单，已经不再载路边的客人，这明显违反了公平原则，既没有实现市场经济的最大效益，也没有实现资源的有效配置。

（2）乘客方面。对乘客来说，出租车的总量没有增多，打车软件只是改变了乘客对出租车的使用方式。年轻人或者会用打车软件的人受益最多，他们享受到了打车软件给他们出行带来的便利，但是另外一部分人的受益减少，甚至是急剧减少，例如，老人或者是不使用打车软件的人，他们现在出门就遭遇到打

车难的问题。

(3) 社会诚信方面。打车软件在使用中存在一定的“欺骗行为”,使得社会的诚信问题再次受到挑战。司机在抢单完成后赶往较远的乘客所在地,如果路途中遇到路旁乘客,并给予补贴和路费的计算,这时可能会选择路旁乘客而放弃订单乘客;同样,乘客在下单完成后正好遇到过路出租车,则会放弃订单而选择马上乘车。因此,双方有时为了各自的利益会失信于对方,这也是打车软件潜在的一个问题。

(4) 打车软件企业方面。目前有些打车软件企业推出的“专车服务”存在一定争议性。打车软件企业为了探索与突破现有的较为模糊的盈利模式,有效提高用户的参与度,打车软件企业相继推出了专车服务,不断丰富其服务内容,但其合法性和安全性受到多方质疑,加强对专车服务的监管成为打车软件企业亟待解决的问题。

(5) 打车软件市场方面。打车软件作为新兴产物,缺少市场规范,政府虽然颁布了一定的规章制度,但是,总体来看,政府对于打车软件的管制存在一定的不明确性和制约性。虽然政府政策在大方向上承认了打车软件创新性的存在,但是没有给予明确的指导性文件,而且,针对地方差异性没有提出相应的政策规定。因此,打车软件的发展仍然面临着政府部门的不确定性制约。

(二) 针对打车类手机软件现存问题的解决方案

打车软件作为一款新兴软件,在为人们带来便利的同时,也蕴藏着很多的不足。近两年来,随着中国打车软件的迅猛发展,出现越来越多的问题,引起了人们的热切关注。而滴滴打车作为国内打车软件市场中不可或缺的一分子,面临着同样的问题,针对中国打车软件发展中遭遇的共性问题,并借鉴国外打车软件的优势之处,使之加以整合利用,可以得出以下几方面的解决方案。

(1) 对打车软件进行更新或对软件进行升级。可以对软件进行更新,增加一些特殊的功能,比如,增加司机接受订单后将不会再显示新的订单信息的功能,只有在结束一单生意后才会重新启动,这样就避免了司机频繁看手机的举动,减少出现意外的概率。对于不会使用打车软件的人群,尤其是老人,可以开发一款只要设置好就可以“一键打车”的简单便捷版本,来提供更好的服务。这样一来,就可以进一步规范出租车市场的司机行为。

(2) 采用多种方式增加乘客流量。首先,对于使用打车软件的人群,可以给予一定优先打车的权利,来吸引更多的用户;其次,对于不愿意使用打车软件的人群,规定司机在一定时间内必须要有一定数量的非软件使用用户,来减少“打车难”现象;最后,打车软件还可以进一步研发“就近拼车”的功能,智能地为乘客进行匹配,有效拼车。这样一来,就可以进一步服务乘客,增加乘客的流量。

(3) 建立积分等级累计制度,提高社会诚信度。一方面,打车软件企业可以建立积分等级累计制度,并建立信用等级,让信用好的司机或者乘客能够根据积分的多少获得优惠。另一方面,提高全民道德素质,使司机和乘客自觉遵守社会公德,提高社会诚信度。

(4) 制定互联网专车市场准入机制,规范专车的监管。可以制定信息化租车的管理条例,制定互联网专车市场的准入机制,把愿意从事租赁运营的私家车车主纳入到出租车行业来,制订车辆和司机准入门槛,并对驾驶员、车辆以及运营组织的资质进行规范管理,包括对专车的技术监控手段、保险与现行赔付保障制度,等等,在一定的条件下有序放开出租市场。就提供专车服务的企业而言,在一定的准则下,企业可以制定相关的规定,给满足条件的专车服务司机配发出租车驾照,车辆注册为出租车专车,从而防止“黑车”的接入,保障乘客的利益和安全。就政府层面而言,应制定明确的法律规范,从打车软件企业、司机等多方进行管制,对于违规参与专车服务的私家车等车辆,及没有合法执照而参与专车服务的司机实行罚款制度,并对其所在的打车软件企业予以相应的惩罚。

(5) 规范打车软件市场的管理,促使打车软件健康发展。针对打车软件市场缺乏“管制”的问题,政府应该尽快出台比较明确的指导性政策,给予打车软件市场一个比较合理的制度规范,并且,针对地域和环境的不同,政府也需要出台更为详细的差异性管理制度,以规范打车软件市场的管理,为打车软件的发展提供一个健康、规范的环境。交通运输部于 2015 年 7 月,向国务院申报了网络约租车管理办法和出租车改革方案,其中涉及出租车和专车的两项相关制度,希望能对打车软件市场的管理起到积极稳健的作用。

四、打车类手机软件的发展趋势分析

虽然国内打车软件遭遇了一定的困境，但是，它的未来发展空间是巨大的，打车软件正在逐步走向规范化，朝着健康良性的方向发展。当然，这也涉及很多方面的内容，包括打车软件市场本身的规范化、企业盈利模式的逐渐明确化、打车软件与移动支付的结合更加紧密化和打车软件的服务意识更加强化等。

（一）打车类手机软件的发展情况分析

2014年度，打车软件的补贴大战是互联网行业中家喻户晓的里程碑事件。滴滴打车和快的打车背后的腾讯和阿里巴巴两大巨头的“烧钱”补贴，积累了大量的人气和用户，用户数量都超过了一个亿，并在最短的时间内让更多的人了解到滴滴打车和快的打车，使他们成为打车软件行业市场份额最高、用户数量最多、全国覆盖最广的打车软件。

1. 2014年中国打车APP累计账户市场份额分析

2014年第一季度到第四季度中国打车APP的发展迅速，滴滴打车和快的打车的“补贴”和“红包”效应非常显著，打车APP累计账户市场份额逐渐集中起来。根据表1数据显示，快的打车和滴滴打车的累计账户占据市场份额的前两位，快的打车的市场份额从2013年第四季度的46.70%上升到第四季度的56.50%；滴滴打车的市场份额2014年与2013年第四季度的43.6%基本持平，但是规模不断扩大，位列全国打车软件第二。

表1　2014年第一季度到第四季度中国打车APP累计账户市场份额

季度	快的打车	滴滴打车	其他	APP累计账户
第一季度	51.60%	45.30%	3.10%	0.98亿
第二季度	53.57%	45.56%	0.87%	1.30亿
第三季度	54.40%	44.90%	0.70%	1.54亿
第四季度	56.50%	43.30%	0.20%	1.72亿

资料来源：易观智库。

2. 2014年中国主流打车APP覆盖城市量分析

2013年的第四季度，打车软件的城市覆盖数量已经明显增多，快的打车覆盖了 41 个城市，滴滴打车覆盖了 32 个城市，领先于其他打车软件。2014 年，快的和滴滴除了采取高额补贴的手段快速获取用户外，进一步进行市场开拓，扩大服务区域，使得覆盖城市数量爆发式增长。根据表 2 可知，2014 年第一季度到第四季度中国主流打车 APP 覆盖城市数量发展迅速，快的打车从年初的 41 个城市，迅速扩张到年末的 360 个城市，增长了 778%；滴滴打车的城市覆盖数量从年初的 32 个城市，迅速扩张到年末的 300 个城市，增长了 838%。但是，从第三季度和第四季度的数据看，城市覆盖数量日趋饱和。

表 2　2014 年第一季度到第四季度中国主流打车 APP 覆盖城市量

季度	快的打车	滴滴打车
第一季度	261	178
第二季度	306	178
第三季度	358	300
第四季度	360	300

资料来源：易观智库。

3. 2015 年前三季度中国专车服务活跃用户覆盖率分析

随着智能手机的普及，以及由于供给不足造成的出行难问题，一线城市和二线城市的市民，开始慢慢喜欢互联网专车出行。滴滴和快的合并后，在 2015 年 3 月发布了互联网专车的安全与服务标准，统一了滴滴专车与一号专车（合并后统称为滴滴专车）在安全与服务方面的标准，使得专车服务更加规范，活跃用户数量占该行业所有专车服务用户数量的比重不断上升，几乎占领了整个中国专车市场。根据表 3 数据显示，2015 年第一季度到第三季度，中国专车服务活跃用户覆盖率前三名中，滴滴专车一直以 80%以上的活跃用户覆盖率占据绝对优势，处于领先地位；易到用车在第一季度占据第二，但在第二季度即被 Uber 和神州专车超越；Uber 和神州专车在第二季度和第三季度，其活跃用户覆盖率稳居第二和第三。

表3 2015年前三季度中国专车前三名活跃用户覆盖率指标

季度	名次	第一名	第二名	第三名
第一季度	专车名称	滴滴专车	易到用车	Uber
	活跃用户覆盖率	80.9%	17.5%	8.1%
第二季度	专车名称	滴滴专车	Uber	神州专车
	活跃用户覆盖率	82.3%	14.9%	10.7%
第三季度	专车名称	滴滴专车	Uber	神州专车
	活跃用户覆盖率	83.2%	16.2%	13.4%

资料来源：易观智库。

4. 2015年中国主要拼车服务城市覆盖数量分析

为了缓解城市交通拥堵，不少打车软件推出拼车服务。2014年4月，嘀嗒拼车软件上线，并迅速占领拼车市场。滴滴快的在2015年6月正式推出滴滴顺风车，利用大数据算法和先进的匹配技术，一对一连接每一位愿意结伴同行的车主和乘客，并以城市"共享出行"为定位，在国内26个城市上线。或许是由于前期的滴滴专车效应，用户可能对滴滴顺风车情有独钟，在不到半年的时间内，迅速占领拼车市场，拼车服务城市覆盖数量扩张到338个城市(见图1)，51用车和天天用车的城市覆盖数量位居第二和第三。

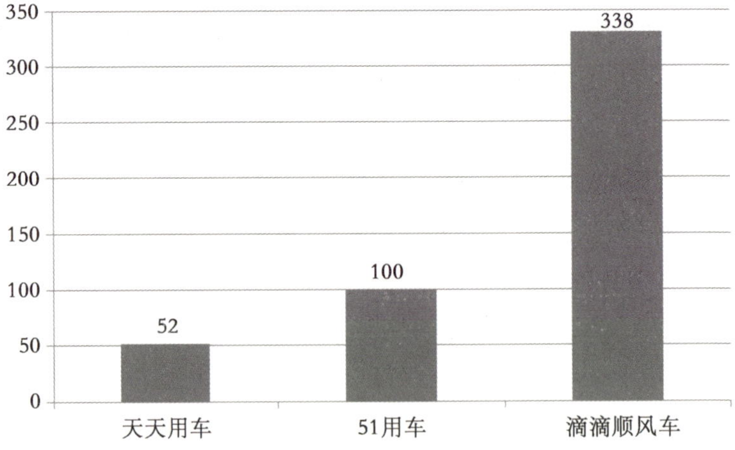

图1 2015年10月中国主要拼车服务城市覆盖数量

资料来源：易观智库。

5. 2015 年中国主要拼车服务活跃用户覆盖率和成交订单量分析

根据表 4 数据显示，2015 年第三季度中国拼车服务活跃用户覆盖率中，滴滴顺风车、嘀嗒拼车和天天用车分别以 66.1%、28.7%和 7.1%的活跃用户覆盖率占据拼车市场的前三名。嘀嗒拼车在 2015 年第一季度的活跃用户覆盖率为 59.88%，领跑整个拼车行业，但是到了第三季度，其活跃用户覆盖率下降为 28.7%，仅半年时间，指标下降了一半。

表 4　2015 年第三季度中国拼车服务活跃用户覆盖率和成交订单量

拼车名称	拼车服务活跃用户覆盖率	拼车服务成交订单量
天天用车	7.1%	4.4%
嘀嗒拼车	28.7%	20.9%
滴滴顺风车	66.1%	69.0%

资料来源：易观智库。

从拼车服务成交订单量指标看，嘀嗒拼车已经失去了其行业领头羊的地位，面对滴滴顺风车的强势进入，嘀嗒拼车缺乏有效的应对策略，导致其市场地位被滴滴顺风车迅速削弱，拼车市场的格局已经改变。

（二）打车类手机软件的发展趋势分析

从 2015 年的整体数据来看，中国打车 APP 在专车服务和拼车服务中投入的份额逐渐加大，促使了这两项服务的影响不断扩大，而且，就所形成的市场反应来看，打车 APP 在服务上的创新，明显推动了打车行业的发展。虽然，目前这两项服务还不够完善，在实施运营中仍然存在着诸多弊端，而且政府也缺乏明确的规范性文件，但是，任何事物都有其发展的规律和过程，从诞生到快速发展，不断完善，逐渐步入健康发展的轨迹上，它们未来的发展趋势是势不可挡的。

1. 打车软件市场走向规范化

打车软件市场在不断拓展，这一过程必将是一个发现问题、清除阻碍、完善制度、规范市场，逐渐形成健康良性运营的过程，当然，这同样是需要多方共同协调努力才能达成的：国家政策对打车软件市场的监管将更加严密，也会提供地方性差异化管理；打车软件市场将不断地进行自我调节和完善[3]；打车软件企业自身也要不断完善。

2. 打车软件盈利模式逐步明确化

打车软件在刚进入市场的时候用补贴和红包奖励等方式，在短时间内吸引大量的司机和用户，并以培养用户的打车方式和支付方式为目的，培育了打车市场。从这个角度看，滴滴快的烧钱效果是很有成效的。专车服务是打车软件商业模式的创新，通过大量补贴，吸引专车用户，增加用户黏度后，打车软件开始向专车司机收取一定的费用，其盈利模式逐步清晰，专车服务将成为打车软件盈利的主要模式。

3. 打车软件与移动支付结合更加密切化

打车软件作为正在快速发展成长的新兴应用，同样肩负着开拓人们对移动支付习惯培养的重任。随着移动支付技术的发展，打车软件与移动支付密切结合，在支付环节鼓励用户使用支付宝或者微信进行支付，培养用户的移动支付习惯，从而扩张移动支付市场。支付宝和微信钱包的滴滴出行，很好地体现了这两者的结合，使人民逐渐养成移动支付的习惯，享受移动支付带来的快捷与方便。

4. 打车软件与其他APP应用合作的多元化

打车软件作为出行的重要应用，目前的市场格局基本已经确定，城市覆盖数量也基本趋于平稳。打车软件企业可以通过其打车软件，对用户的打车习惯、打车路径等大数据分析，从而向乘客推荐其周边的生活娱乐等信息，为用户提供多重附加服务，从而与商家以及消费者形成互惠合作。因此，打车软件可以在更多的手机APP应用上植入，除了支付宝和微信钱包，还可以与地图、去哪儿网、携程网等APP进行多元化合作，把位置服务和消费数据结合起来，进一步挖掘移动互联网市场的潜力，利用精准营销提高用户的黏度，把打车O2O模式拓展到其他领域。

五、结束语

中国打车软件作为新兴事物，是打车领域移动电商的新突破，无论其存在着怎样的问题，无可厚非的是它确实改变了很多人的生活习惯，为移动支付带来了大批用户。发展至今，虽然处于“后补贴时代”，面临着诸多困境与挑战，但是，打车软件企业在借鉴国外发展经验的同时，与自身实践相结合，逐步探索着属于自己的盈利模式，并将打车软件与更多的服务行业相融合，增加其新功能，不断开拓新的领域，力求将打车软件的 O2O 模式发展得更好。而就政府而言，也在不断出台新的规章制度来规范打车软件市场，将政府监管与市场调节相结合，努力促进打车软件市场的健康发展。

O2O 模式是互联网企业的大势所趋，打车软件企业以打车软件为入口，通过移动互联网使得 O2O 商业模式在打车软件上完美地体现出来。就企业的发展战略和发展趋势来看，大数据分析和可扩展到其他领域的 O2O 模式，使得打车企业后续可挖掘的商业价值是巨大的，其明天的发展会更好。

参考文献

[1] 辛颖.打车软件的合法之路[J].法人，2014(8)：36－37.

[2] 张盖伦.打车软件吃了颗“定心丸”？[N].科技日报，2014(6).

[3] 田维.浅析“打车软件”安全管理与标准化[J].中国标准导报，2014(3)：50－51.

The Research about Taxi-hailing APPs' Current Situation and Trend

Gong Xiufang　Du Huilian

Abstract: With the development of electronic commerce and mobile phone payment, a new electronic commerce model, O2O model, is changing the way of taking taxi. Didi Dache, Kuaidi Dache and a large number of mobile phone taxi-booking software, greatly improving the social phenomena —"not easy to get a taxi" and "high empty-loading ratio". However, at the same time, the taxi market becomes irregularity. The development prospect is disappointing. Regulating the taxi industry standards, improving service quality, expanding the scope of services for more public services will become the next stage of the development of a taxi software market. This paper introduces the developing process of Chinese taxi software, analyzes the existing problems in its development, puts forward some ideas to solve the problem, and analyzes the trend of the development of the software.

Key Words: Taxi-booking Software; M-Commerce; Mobile Payment; O2O Model

基于第三方投资者教育的“证券投资分析”课程教学改革初探

张 毅[①] 伍 燕[②]

摘 要：中国资本市场的健康发展需要大量合格投资者的参与，为此，监管层对投资者教育非常重视。本文从投资者教育的视角来探讨“证券投资分析”课程的教学改革，首先分析了当前课程教学中投资者教育不足的几个方面，然后从投资决策教育、个人资产管理教育和市场参与教育等来进一步讨论课程教学内容的设计，最后就利用课程教学来完善大学生投资者教育提出了建议。通过“证券投资分析”等相关课程的教学改革，不但能为资本市场培养出合格的专业从业人员，也能培养出合格的投资者。

关键词：第三方；投资者教育；证券投资分析；教学改革

“证券投资分析”这门课已经成为经济大类学生的必修课或选修课。由于国家大力发展资本市场的政策推动作用，证券市场的重要性越来越得到认同，其他一些大类专业也开始将证券投资类课程提供给学生选修。

投资者教育是针对个人投资者所进行的一种有目的、有计划、有组织的系统的社会活动，旨在传播投资知识、传授投资经验、培养投资技能、倡导理性投资观念、提示投资风险、告知投资者权利及其保护途径以及提高投资者素质。

---

① 张毅（1971—），管理学博士，副教授，上海师范大学商学院，研究方向为证券投资、风险投资。
② 伍燕（1971—），管理学硕士，副教授，云南经济管理职业学院，研究方向为建筑经济、旅游投资管理。

本文所指的第三方投资者教育是利用大学现有的条件来开展投资风险、方法和理念的宣传和教育的活动。之所以把高校称为第三方，是因为它是证券监管与交易清算部门、证券经营机构和投资者以外的组织机构，它不和投资者发生利益联系；其他机构与投资者之间存在或多或少的利益联系，令其推行的投资者教育活动有变味的可能。

近年来，中国证监会将投资者教育作为主要工作之一来大力推进，监管层旨在提高投资者的适应性和理性决策，以保障资本市场的稳步健康发展。从高校来看，部分大学生已经入市，即便是未入市的，也将是未来证券市场投资的生力军。“证券投资分析”这门课是与证券市场接轨最近的课程，充分发挥其理论指导实践的功能，能帮助大学生们树立良好的投资理念，掌握科学的证券分析方法，以更专业的形式踏入市场，并获得合理回报。将第三方投资者教育引进大学“证券投资分析”的课堂，顺应资本市场发展的趋势，符合应用型人才培养的教学改革要求，有利于学生专业知识的学习和实践操作技能的提高。具体地，在“证券投资分析”课程教学改革中，需做好如下三方面的投资者教育工作，即投资决策教育、个人资产管理教育和市场参与教育。

一、课程教学中投资者教育不足的几个方面

（一）学生的证券投资决策整体观念意识有待加强

证券投资分析课程作为大学的选修课或必修课，有一定的理论性，加上有考试环节，所以学生多以传统的拿学分、得成绩的方式来应对，这可能会将一门“书中自有黄金在”的应用型课程，变成条条框框式的教条背诵型课程。最后的教学效果可能是，学完课程后学生还是不知道如何根据基本面来选择策略，再如何根据技术面来选择交易机会。因此，引入投资者教育的课程改革，应加强应用性的教学，培养学生将基本面分析和技术面分析两大方法融会贯通，锻炼学生学会分析公司的投资价值并撰写相应的研报，鼓励学生根据理性分析精选股票，建立自己的股票池，并不断地跟踪研究以发现交易机会。

（二）学生对自身风险收益的认识有待加强

证券投资分析课程应能帮助学生找出自己的风险偏好，以便他们未来投资金融产品时能有的放矢地进行合理的选择。沪深两地交易所曾出台过投资者

适当性管理办法，希望券商帮助投资者根据自身不同风险承受能力来匹配投资不同的产品，进而更好地保护投资者的合法权益。在证券投资分析授课过程中，一般都安排有上机实验，让学生进行模拟交易，但模拟交易与实盘交易有着天壤之别。模拟交易中，风险承受力大的学生在实盘交易中可能变成风险厌恶者；而模拟交易中觉得自己很稳健的，在实盘交易中放大了投资步伐却导致损失巨大。因此，帮助学生认识风险，并能承担适当的风险以获得相应的收益，应成为课程中投资者教育的重点之一。在学生无实盘交易可能的情况下，利用实例或案例为其讲解投资的风险，帮助他们认识风险收益；课堂中既要讲投资成功的例子，也要分析失败的例子，尽力引导他们认识好自己心里的那位看不见的投资人。市场总是对的，错误来自投资者的主观判断，要想盈利，投资者必须不断战胜心中又贪又恐的自我。

（三）学生对金融产品和金融服务的认识有待加强

“证券投资分析”大部分内容讲的是证券市场的投资，包括股票、债券、基金和衍生品的投资。投资者要全面了解金融市场，通过全市场配置来进行投资，则必须对市场绝大部分的金融产品和服务有系统的了解，所以“证券投资分析”课程改革可能需要教师更多地将证券投资放在更大的金融市场来进行分析讲解，甚至要放到国际金融市场这个大背景里进行分析判断。这部分的教学可以课堂内外相配合，课堂外给学生多发金融产品或服务的资料让他们学习，特别是可以拷贝一些视频资料给他们，令其通过轻松的观看体验，对金融市场有系统的了解，不仅学习了知识，还培养了兴趣。

（四）学生的学习实践环节有待加强

很多大学生都觉得所学的知识在实际生活中应用不起来，如学电的学生不会修理家电，这类问题的存在与大学教育中理论与实践的脱节有密切关系。金融大类的学生也有类似感觉，学完了国家教委规定的必修课程，面对金融市场、投资市场还是恍恍惚惚。而学完了“证券投资分析”后，还是听消息炒股票，跟着股评或亲友炒股票，难得留下证券投资分析教授过的专业知识痕迹。学生缺乏足够的实践来提高实战水平，只通过课堂中有限时间的机房上课是很难改变这一局面的，必须将课堂内外都利用起来。可以鼓励学生开户进行实盘交易，同时建立股票投资微信群或QQ群进行学习讨论，教师可提供卖方研究报告供学生阅读学习，并建议学生每天坚持阅读三大证券报等。理论学习打基础，课后操盘练功夫，日积月累，学生的实践能力会有从量变到质变的提升。

二、课程中第三方投资者教育内容的设计

（一）课程中的投资决策教育

证券投资分析主要讲授基本面分析和技术面分析，这两个分析技术也是证券投资业界的主流技术。同样的技术，不同人使用后有不同的效果，背后的主要原因是各人投资理念的不同。技术是死的，而用的人是活的，因此，投资决策教育里最重要的是教授学生正确的投资理念。如第一堂课就告之学生正确的理性投资的理念和投资步骤，除因博取公司重组或控制权转移而进行的投机外，整个基本分析就是一个理性的投资决策过程。投资决策的教育可用实例和案例教学的方法来进行，哈佛商学院 800 个案例支撑起 MBA 教学体系，而我们由于大学教育包含太多的中国特色，暂不能在相关专业建设中将其完全推广应用，但可以在课程教学中灵活借鉴。

投资决策教育另一重要的内容是教授学生证券市场的策略分析，通过对宏观经济形势、行业发展、公司价值、技术分析等的研究，就当前是否适合交易进行判断。2015 年 6 月，由于国家去资金杠杆等原因影响，A 股大跌并成股灾，年内入市的投资者损失巨大，市场突变再次提醒投资者知识和决策的重要性。实际上，如果应用技术分析，6 月底不同风险偏好的投资者在几条重要均线被先后打穿的过程中是有机会撤出的（具体见图 1）；倒是 8 月份，人民币贬值造成的股票大跌，由于有国家救市号角声的激励，让投资者疏忽了行情技术破位的警告，结果不仅给个人投资者，也给机构投资者带来了更大的杀伤力。市场的反复，不断告诫投资者要尽快调整投资决策体系，在政策管市与市场自身不可战胜中平衡自己对风险与收益的认识，增强自身交易决策系统的风险防范能力和提高投资收益水平。

图1　2015年上证指数股灾期间2次大跌主要均线破位情况示意图

数据来源：东方财富网。

（二）课程中的个人资产管理教育

个人资产管理教育涉及学生的消费观、金钱观、风险收益观等。90后的大学生很有主见，消费能力也很强。课程初始要向他们强调个人资产管理的重要性。学生们需要设定好消费和储蓄的比例，报道中的“每月最少储蓄30%的收入”硬指标的哈佛教条值得学习。没有储蓄积累，就没有证券投资的资金。资产管理中的个人理财产品的选择有储蓄、货币资金、商业银行理财产品、债券基金、混合基金、指数型基金、股票基金、股票、保险、信托、期货、外汇，等等，虽然它们有些不属证券投资产品，但其定价会影响证券市场。这些金融理财产品各有各的风险收益特征，学生只有根据其自身的特点把它们配置和组合起来，才能实现应有的个人资产管理目标。当然，这些金融理财产品的特点需要给学生进行介绍，或引导学生提前自学。

另外，2015年以来的人民币利率市场化、人民币国际化、金融混业等金融改革，以及国家的“一带一路”“中国制造2025”和“互联网＋”、国企改革、供给侧改革等为国内证券市场带来了巨大的机遇与挑战，针对这些新概念，应结合证券市场给学生进行相应的分析。这部分的教学内容涉及面广，内容新而丰富，而且还要与时俱进，对教学是个考验。

（三）课程中的市场参与教育

“纸上谈兵”肯定不是投资者教育的目的，也不会是高校证券投资类课程改革之所向。用“证券投资分析”为大学生投资者开展第三方投资者教育，由于没有竞争利益诉求和无盈利驱使，所以可以做到“授人以渔”的目标。培养大学生理性的投资理念，教会他们正确地分析与决策，最终可以帮助他们在市场参与和交易中获利。提高学生的市场参与度，最简单的形式是利用模拟交易，最高级的形式是学生直接开户入市进行投资交易。大学生如果要入市，由于没有工资薪酬，他们的资金来自于平时零花钱、压岁钱或各类型的奖励金，这笔资金应该不大，但对他们很重要，利用这些资金来投资股市，如果发生损失会给他们以深刻的教训，但不会影响其正常的学习生活。学生们可以通过不断调整心态和综合利用投资分析方法来提高决策水平，毕业前由于前期已经进行了市场的深度参与，学生们能够积累好交易经验和掌握好基本的分析和决策技术，经过真实的投资实践，可以说他们已经做好工作后利用更大的闲余资金入市投资的准备。

当股市行情好的时候，由券商主办的校园模拟炒股大赛会纷纷登场，为学生提供了市场参与的额外机会。上一轮牛市，上海 17 所高校的大学生模拟炒股大赛就吸引了 4 500 多名大学生参加。学生对股市的关注和对投资收益的渴求是巨大的，但在进行投资者教育时要正确引导他们，不能因为大赛周期短暂而需要采用追涨杀跌的手段去争夺名次，而将长期理性投资的宗旨抛弃，最终影响他们正确投资风格和理念的形成。

三、利用课程教学完善大学生投资者教育的建议

（一）博众家之长完善学生的投资理念

证券投资分析是从西方引入的，海外市场与我国相比更为成熟，成功投资的案例丰富，值得研究。很多投资大师著书立说，他们的投资理念和信条经受了市场的历史检验，可以向学生推荐这些书籍，学习后有助于端正学生们的投资理念，提升投资决策教育的效果。这些大师们的投资理念用于国内市场投资时，应注意与国内的接轨问题。由于中国市场发展程度和投资者交易风格与国外大不相同，在实践中应注意对投资理念的调整。如长期投资不等于长期持

有，坚守长期投资的理念来获取长期趋势带来的收益时，如果股价涨幅过大，透支了未来几年的发展，这时候就不应再长期持有了。理念上由长期投资来战略指导，但交易中要根据风险和收益的配比情况来进行战术决策。

（二）利用实例与案例教学提升学生风险与收益的认识

“证券投资分析”是一门应用性很强的课程，在教学过程中还要穿插投资者教育的任务，如果不采用实例或案例为学生讲授的话，可能很难达到应有的效果。可以采取的方法是，上课开始后的15分钟，由教师或学生对一周的经济、行业和公司的基本面进行评述，同时利用技术分析市场后市机会。课中结合知识点，将行业与上市公司的实例用于分析，并经常打开行情系统，将相关公司的K线走势向学生展示，利用多媒体将理论和市场融合在一起给学生留下更深的印象，提高学生对课程的兴趣和对市场的关注度。课后根据教学进度，给学生推送相关的研究报告，如央行的货币政策执行报告、金融市场发展报告、券商的策略报告、宏观经济分析报告、行业研究报告、公司调研报告等都是很好的学习资料；也可让学生自行到Wind资讯或东方财富网搜索相关信息，然后学习撰写行业研究报告和公司投资价值报告，以提高他们的信息检索和分析能力。

（三）利用实验教学提高学生的实际操作能力

课程改革和投资者教育都需要提高学生的实际操作能力，因此，利用实验教学的方式，让学生边上课，边动手看行情和资讯，甚至边交易，这些已经成为实践教学必不可少的环节。实验教学中，教师可以向学生讲解投资交易中一些有意思的课题，以拓展其专业知识面，提高学生的兴趣。如利用最简单的黄金交叉和死亡交叉来判断交易机会是否都有效？哪些交叉是失效或无效的应该删除？如何利用量化交易来克服人性在贪婪、恐惧、侥幸上的心理弱点？怎么看待美国经济和道琼斯工业指数？美国过去加息国际金融市场怎么变化的？怎么浏览港股通标的股的行情和公司信息？有了实验教学，对这些问题，学生在机房上机时可以边搜索边求解，教师可以一对一教会每位同学。

（四）校企合作搭建教育平台引导学生走出学校

高校肩负着教书育人的重任，最终将向业界输送合格的人才。“证券投资分析”课程对金融类专业的学生来说，除了要教授他们理论和实践知识，还要培养他们成为合格的投资者和合格的从业人员。鼓励学生从低年级就报考证券从业资格，并争取机会尽早到券商或投资机构实习。学校更为积极主动地与证券公司、投资公司等合作，签订校企合作协议，为学生提供更多的机会，引导学生走出学校，去业界将理论付诸行动，从实践工作中获得新知识；同时，学生可以根据实习工作来了解岗位的具体情况，并结合自身实际情况，拟定适合的职业生涯计划。

（五）国际化视野助学生了解未来资本市场的走向

随着人民币国际化的快速推进，短短的一年中，中国的资本市场在国际化上也发生了巨大的变化。沪港通和港股通已经成功落地，并经受住了股灾的考验；QFII扩容和RQFII的开启，方便了海外机构投资者配置中国A股；而沪伦通等随中英金融合作的深入，也已在设计之中。未来的国际版或中国版的存托凭证将会引入海外企业在中国上市。在这样的国际化大潮下，“证券投资分析”的教学也应跟上时代的步伐。引导学生课外阅读投资学的英文经典文献，提高他们专业英语水平；鼓励他们浏览国外资讯网站或阅读英文报告，以跟踪海外金融市场的发展；用国外上市公司作案例或实例，帮助学生了解国际上同行业公司的最新动向；课堂中可以多展示和分析外盘的行情，并和学生一起观察研究国外市场和中国市场的联动情况；英语水平高的教师还可尝试利用全英语教学来更好地进行国际化教学的接轨。我国已经制定了多项“走出去”的国家级战略，国际化的发展不可逆转，在未来几年，国际化的影响将深入国内资本市场各领域，高校应肩负起培养具有国际化视野、能开展国际化业务和工作的专业人才的重任。

参考文献

[1] 张毅.利用第三方模式完善我国投资者教育的可行性分析[J].时代金融，2008(11)：123-124.

[2] 张毅，伍燕.完善大学生投资者教育之我见[J].云南民族大学学报(哲学社会科学版)，2009(6)：129-132.

[3] 张毅.我国证券市场投资者教育的第三方模式研究[J].上海师范大学学报(哲学社会科学版)，2010(1)：59-64.

[4] 李国君.理论加实战在证券投资教学中的应用研究[J].知识经济，2013(6)：58-59.

[5] 陈建中,陈星野.健康的股市需要投资者的理性参与[J].经济问题,2015(10):64-66.

[6] 张晓梅,杜敏,倪新萍.金融教育对提高消费者金融决策有效性研究[J].合作经济与科技,2015(16):69-70.

[7] 钟廷勇,杨珂.证券投资理论与实务实践课程改革研究[J].教育教学论坛,2015(40):117-118.

[8] 刘亚平.金融证券模拟投资实验教学改革初探[J].知识经济,2015(17):109.

Research on Reforming of Teaching Securities Investment Analysis based on the Third-party Investor Education

Zhang Yi, Wu Yan

Abstract: Being a healthy capital market requires a large number of qualified investors to participate in, so regulators in China pay much more attention to educate investors. This paper discusses the course teaching reform of securities investment analysis from the perspective of investor education. Firstly, the paper analyzes several aspects of the problems of investor education during the course teaching, and then discusses the design of the content of the course based on investment decision making education, personal assets management education and market participation education. Finally, the paper puts forward some suggestions on improving the education for college student investors. Believe that universities can use their own third party education resources, by promoting course teaching reform of securities investment analysis, not only to cultivate qualified practitioners in the capital market, but also to cultivate qualified investors.

Key Words: The Third Party; Investor Education; Securities Investment Analysis; Teaching Reform

新股收益的影响因素研究
——基于新时期新股“一字涨停板”数量的研究

杨竹清[①]　张超林[②]

摘　要：在新的股市行情及交易制度下，研究新股上市首日收益显然意义欠缺，难以探究新股背后的个体差异，从而难以真正识别影响新股收益的关键因素，而此轮新股形成的研究样本可一定程度弥补此不足。与以往仅研究上市首日新股收益不同，本文通过研究2014年到2015年5月底上市新股的累计收益发现，影响新股收益的关键因素有投资者情绪、上市时机、发行价、第一大股东持股比例等。公司盈利能力因素虽然正向影响新股收益，但显著性水平相对不高、重要性较小，且对主板的影响大于中小板和创业板。此外，也发现创业板新股的发行价和发行市盈率显著高于中小板和主板。

关键词：新股发行；新股收益；涨停板

新股收益一直是投资者和学者们关注的热点，每一轮新股发行都呈现新的特点，引起广泛的讨论和研究。至新中国股市成立以来，历经了多次IPO的暂停及重启，发行制度也发生了重大变化，正从审批制逐步向注册制转换，且每次IPO重启后新股表现出不同特征，形成新的样本。尤其2014年1月这次IPO重启，新股发行密集程度、涨停板数量都实为罕见。这可能主要因为中国经济

---

① 杨竹清（1982—），湖南邵阳人，江苏科技大学经济管理学院讲师，金融学博士，研究方向为资本市场及公司金融。

② 张超林（1981—），湖南邵阳人，湖南商学院财政金融学院讲师，金融学博士，研究方向为公司金融与资本市场。

和股市正处于深化改革阶段，以及投融资杠杆助推、媒体渲染，投资者情绪逐渐高涨，从而逐步营造了充分乐观的股市生态环境，进而相互促进、强化投资者的乐观情绪，推动新股发行步伐和推高新股收益。如 2014 年 5 月以来平均每月有近 20 只新股发行，截至 2015 年 5 月底，此段时间共有 269 家新股发行上市，连续 10 到 20 个“一字涨停板”的新股相继出现。尽管在 6 月份股市行情急转直下，7 月初新股 IPO 重新暂停，但 2014 年至 2015 年 5 月这一段时间发行的新股，为进一步研究新股收益提供了特别的事件和时间窗口，而不同于以前仅局限在对新股首日收益的研究。

与以前的新股公司相比，此轮新股上市公司整体并未表现出明显差异，如具备更好的盈利能力或增长潜力等，但投资者呈现出的偏好程度却有天壤之别，似乎此轮新股都严重抑价发行了。对此，媒体很多文章习惯用“牛”市和“熊”市来解释其间的差异，然而即便在这共同环境下发行的新股，股票之间的表现仍存在明显差距，有连续最高达 29 个涨停板的新股，如暴风科技和乐凯新材，也有仅三四个涨停板的新股，如柯利达、新奥股份等，可见除了受股市整体环境这个系统性因素影响之外，一定还有诸多别的深层因素存在，如个股特质、市场热点、上市时机、投资者情绪和偏好等。这一轮的新股为我们提供了生动而恰当的样本，为此本文将着重探索这段特定时期新股收益（连续涨停数或累计收益）的影响因素，以便较好地解释上述现象。本文的证据有助于较全面地了解和评价新时期新股发行的表现和投资者情绪等因素的关系，充实相关方面的研究文献，尤其对今后的新股发行也具有一定的指导意义。

本文主要由四部分组成：第一部分从新股抑价、新股收益、新股破发等方面，对国内主要相关文献进行梳理评述；第二部分说明数据来源、变量选取，并对数据进行描述性、对比分析等；第三部采用回归分析方法探索新股收益的关键影响因素；最后归纳总结提出建议。

一、文献回顾

中国股市已发行股票近 4 000 只，发行制度改革也在持续推进，围绕中国股市新股发行的研究文献已较为丰富，主要集中在新股定价、抑价、溢价、破发、发行制度方面，且较多关注新股上市首日的抑价或溢价情况，但研究一段时期内新股收益的文章较为缺乏。

（1）新股抑价方面。刘尧等（2008）研究发现散户投资者对新股发行的乐观情绪会推高二级市场的IPO交易价格，其认为只有疏导散户投资者的乐观情绪才能彻底解决IPO高抑价问题。邹高峰等（2012）认为2005年实施询价发行后，中国IPO定价开始出现与海外成熟资本市场相类似的显著上边界特征；虽然中国新股发行抑价也与一级市场发行价格因素有关，但更主要的是受到二级市场投资者情绪和市场状况因素的影响。田利辉等（2013）则认为我国政府主导的发行制度渐进式改革能够显著减少新股发行超额抑价程度。而这一有所成效的改革核心在于放松对于新股供给和定价的管制，也即市场化。胡援成和管超（2014）研究了创业板公司IPO抑价问题，发现高媒体关注度通过配置投资者“有限注意力”导致高发行抑价，在个人投资者比例较高的创业板市场上，媒体关注对IPO抑价的影响路径是基于情绪效应而不是认知效应。牛枫和叶勇（2015）则以2009年至2012年深圳中小板IPO企业为研究样本，考察了媒体报道与IPO抑价之间的关系，发现媒体报道越多，媒体关注度越强，公司IPO抑价率越高；媒体负面舆论可以显著降低IPO抑价率，有效抑制IPO高抑价。其他还有很多关于IPO抑价的研究，如陈工孟和高宁（2000）、于增彪和梁文涛（2004）、周孝华等（2006）。

（2）新股收益方面。华猛和肖文东（2010）指出大盘向上攀升时，新股的首日涨幅较大；而大盘下跌时，新股的首日涨幅较小，市场对主题投资或某些行业趋势具有特殊的风险偏好。饶育蕾和王攀（2010）发现媒体关注度是影响新股发行的重要因素，它通过影响投资者情绪，对新股短期累积超额收益产生正的影响，而对长期累积超额收益产生负的影响。同时发现，媒体关注度高的新股，其发行价格也相对较高。邹斌和夏新平（2010）构建了度量新股股价信息含量的指标，认为中国当前的新股询价定价并不能有效降低新股上市首日收益，但提高了中国新股发行市场基于个股特质信息对新股进行价值发现的定价效率。

（3）新股破发方面。陆瑶和赵宇烨（2010）认为合资承销商所承销的新股破发率显著低于本土承销商。而这主要归功于更加有效且符合市场预期的一级市场发行定价能力。初昌雄（2011）分析了新股破发的原因以及新股发行定价机制存在的问题，认为新股发行制度改革是解决新股破发的关键。史欣向等

(2013)研究了2010—2011年间中国股市的破发上市公司,发现新股的发行定价不存在系统下边界,即新股发行并未过高定价,投资者情绪变量对新股破发具有显著影响。此外,像赵保国(2007)等还研究了新股的溢价发行,认为显著影响新股发行溢价的因素包括承销商和发行人的择时因素、市盈率水平、发行规模和发行政策的变化,而上市首日大盘涨跌幅、中签率等因素对于新股发行溢价的影响并不明显。

(4) 其他新股发行制度、定价等方面。方军雄(2010)认为随着新股发行制度市场化改革的深入,上市公司融资招募程度随之显著下降,表明新股发行制度市场化改革明显改善了资本市场的融资效率。方军雄(2014)还初步研究了IPO的有偿沉默,指出2006年引入的IPO预披露制度一定程度上助长了IPO有偿沉默现象的发生,尤其在民营或地处不发达地区的企业,此种显现更为严重,而良好的治理环境有助于减少IPO有偿沉默的发生。此外,IPO时支付有偿沉默费的公司,IPO之后出现业绩变脸的可能性更高,IPO之后的会计盈余质量更低。汤胜(2008)发现上市公司无论是以配股还是以增发形式发行新股,高溢价的新股未来的盈利能力不高于甚至低于低溢价的新股,上市公司的新股定价与公司未来的盈利能力不相关。胡小龙等(2013)提出了以"行业平均市盈率"为基础的新股定价原则,认为以"行业平均市盈率"为基础的发行定价原则基本符合我们现阶段的实际情况。

通过梳理新股发行方面的文献,可知新股定价问题仍是当前研究热点,尤其关于抑价问题的研究热度不退,只是研究角度和方法发生了变化,当前较多的是从公司治理和外部监督出发,而且从研究新股发行抑价的热度也透露出中国股市投资者的"喜新"。显然,有新股抑价必然伴生新股收益,但以前的研究大多集中在"首日"收益而忽视了之后时期的收益,这样的"时间窗"明显具有一定的局限性,难以衡量新股的真实收益,且忽视了个股之间的差异,尤其在2013年底沪深股市对新股首日涨幅进行了调整,比如2014年至2015年5月间发行的新股绝大多数首日涨幅都达到上限。因此,此轮新股为我们研究新股收益提供了较好的研究视角和样本,因为它有利于观察一定时期内而不是单日的上涨幅度和收益,突出了个股特性,减弱了某些系统性或投资者情绪等因素的影响。

二、数据分析

1. 数据说明

本文选取了 2014 年 1 月至 2015 年 5 月底在中国股市发行上市并破涨停板的新股，共 269 个新股公司样本。数据来源于同花顺网站和中财网。使用统计软件 stata11.0。

2. 变量选取

(1) 因变量。为较全面客观地衡量新股发行后所产生的收益，选取自新股上市日到破板日("一字"涨停板的破板)之间的"一字"涨停板数量作为因变量，其衍生的变量有累积收益率、破板日价格等，首日涨幅也包括在内。在这轮特殊时期，且有关于新股首日涨幅的规定调整，如果仅选择首日涨幅衡量新股收益，很难识别个股间的差异，因为大多数新股首日涨幅都直接达到上限值 44%。然而"一字"涨停板数量的多少拉长了时间期，可排除更多的噪音，反映个股差异，为研究提供了较好的变量和样本。

(2) 解释变量。影响新股收益的主要因素涉及新股公司价值、发行时市场环境和投资者情绪等方面，参考前期学者的相关研究成果(田利辉，2010；邹斌和夏新，2010；邹高峰等，2012；胡援成和管超，2014；牛枫和叶勇，2015)、研究主题和数据可得性，本文选取了关于新股发行的变量，如中签率、发行价、发行市盈率、发数量等，以及上市公司的财务数据等，如资产规模、营业收入、净利润、净资产收益率、每股收益和第一大股东持股数。此外，考虑到新股上市日所处股市环境的阶段性(按季度分组，因为按月或周分组会导致虚拟变量过多且季度可以很好地解释该问题)和所上市板块不同，也设置了相应的虚拟变量作为控制变量。由于此阶段发行的新股 70% 以上所属制造业，所以行业影响暂予忽略。具体如表 1 所示。

表 1　变量说明

名称	代码	说明
涨停板数	ZTS	统计自新股上市日直到破板的"一字"涨停板数量
中签率(%)	ZQL	上市公司披露的中签率，可用来衡量投资者情绪

（续表）

名称	代码	说明
发行价(元)	FXJ	上市公司公布的发行价
发行市盈率	PE	上市公司公布的发行市盈率
发行数量(万股)	FXL	上市公司公开发行的股份规模，取自然对数
资产规模(亿元)	ASS	公司上市日所在年度的上一年度的总资产
营业收入(亿元)	REV	公司上市日所在年度的上一年度的营业收入
净利润(亿元)	PRO	公司上市日所在年度的上一年度的净利润
每股收益(元/股)	EPS	公司上市日所在年度的上一年度的每股收益
净资产收益率	ROE	公司上市日所在年度的上一年度的净资产收益率
第一大股东持股比(%)	MAJ	第一大股东持有的股份数量

3. 描述性分析

图1描述了一字涨停板数量的频率情况，由图1可知：第一，0个一字涨停板的新股数量最多，达到31家，占总新股的11.5%，都是2014年1月(29只)和2月(2只)上市的新股，它们的首日涨幅基本为32%。第二，新股一字涨停板数量主要分布在5至10个，总计123只新股，占所有新股的45%。其次是11至15个一字涨停板的新股有47只，占总样本的17%。5至15个一字涨停板的新股合计为170，占总新股的63.19%。第三，一字涨停板数量达到29个的新股有两只；从0至29间，除27、28以外，其余都有新股达到相应的一字涨停板数量。

表2具体列出了各研究变量的样本值分布情况。从中可以看出：第一，此次IPO重启所发行的新股收益十分可观，平均“一字”涨停板数达到8.97个，累计收益超过200%。但新股间表现也迥异，最高“一字”涨停板数达到29个，而最小为0。第二，从发行相关的变量看，除发行量以外新股间差异较小，如中签率(ZQL)、发行价(FXJ)和发行市盈率(PE)的25、50、75分位较为接近，方差也相对很小。第三，从公司财务数据看，新股在资产规模、收入规模、盈利能力等方面存在差异较大，如资产规模最大的有1 613.52亿元，而最小的仅1.36亿元，但新股的每股收益相对较为接近。此外，在新股间第一大股东持股数量表

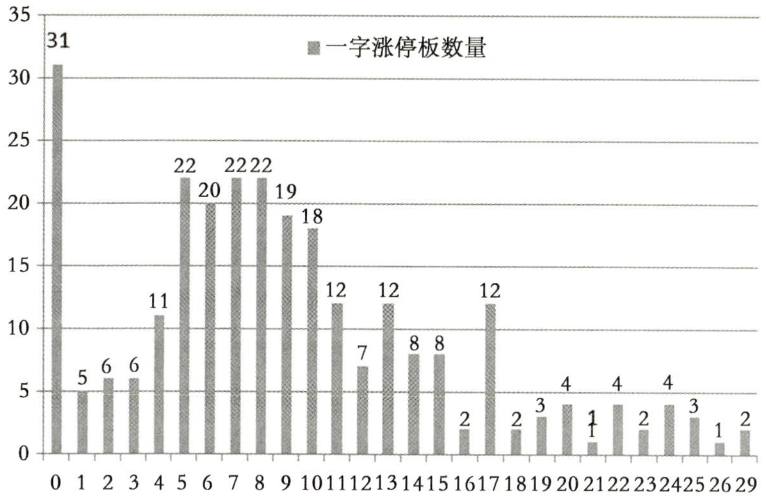

图 1　一字涨停板数量频率情况

数据来源：中财网。横轴表示一字涨停板数量，纵轴表示其频数，即各数值对应新股只数。

现不同，如最高持股 81.18%，而最小不到 30%。

表 2　各变量值分布情况

变量	均值	方差	最小值	25%	50%	75%	最大值
ZTS	8.97	6.36	0	5	8	13	29
FXJ	15.62	8.71	1.68	10	13.69	19.5	55.11
PE	22.75	5.45	6.23	20.62	22.87	22.98	51.37
ASS	31.68	132.40	1.36	5.94	9.46	17.75	1 613.52
REV	14.92	30.63	1.23	3.56	6.4	14.23	411.5
PRO	1.76	4.11	0.19	0.52	0.84	1.37	49.43
EPS	0.93	0.52	0.1	0.55	0.84	1.16	3.11
ROE	15.59	7.61	2.76	10.16	14.49	19.39	56.2
MAJ	39.69	15.27	5.31	29.91	38.25	49.5	81.18
FXL	8.10	0.74	6.9	7.6	7.88	8.51	11.7
ZQL	0.80	0.60	0.12	0.43	0.6	0.92	4.87

4. 对比分析

1）三大板块间对比分析

考虑到投资者对新股所上市板块偏好的可能性，尤其存在对创业板投资的限制，对各变量按所处板块进行分类且作对比分析，具体分为中小板、创业板和主板新股。如表3列出了各变量的均值及板块间差异的检验P值，从中可以发现：第一，发行的新股数量，创业板最多，主板其次，中小板最少，数量分别为110、106、53，不过主板和创业板的新股相差很小。这一定程度表现了当前股市改革导向及创业板上市条件的相对宽松。第二，在财务表现上，主板和中小板的新股公司显著好于创业板，如总资产、营业收入、利润、每股收益、净资产收益率、第一大股东持股比等变量值，前者都显著高于创业板。第三，发行相关变量方面，创业板的新股发行价、发行市盈率显著高于主板和中小板，而发行量则相反。第四，在新股收益方面，创业板新股“一字”涨停板数高于主板和中小板，且单因素检验显著，但Kwallis检验*P*值显示不显著。最后，对于中签率，各板块上市的新股间差异不明显，且都不到1%，表明投资者投资热情高涨、趋于乐观。

表3 按所上市板块各变量均值及板块间检验情况

	中小板	创业板	主板	因素检验 *P* 值	Kwallis 检验 *P* 值
样本数	53	110	106		
ZTS	7.53	9.92	8.71	0.068 6	0.304 5
REV	19.35	6.32	21.63	0.000 5	0.000 1
PRO	2.03	0.92	2.50	0.015 3	0.000 1
EPS	0.87	1.02	0.86	0.055 8	0.012 6
ROE	12.57	16.65	16.01	0.004 3	0.001 8
FXJ	14.85	17.98	13.56	0.000 7	0.003 0
FXL	8.07	7.79	8.43	0.000 0	0.000 1
PE	23.17	23.69	21.57	0.013 4	0.051 2
ZQL	0.89	0.79	0.76	0.472 0	0.509 7
MAJ	40.41	35.96	43.22	0.001 9	0.003 3
ASS	46.12	9.70	47.25	0.076 6	0.000 1

2）上市日所处季度对比分析

新股收益表现往往与股市整体行情正相关，即股市大盘涨、新股收益一般高，尤其这一轮新股时期恰好是股市逐渐成“牛”的时期，每季度、每月上市的新股受到投资者、媒体关注都极为不同，新股收益也截然不同。因此，按新股上市日所在季度将所有新股划分为六组，并作对比分析。如表4呈现了各季度各变量均值及相应组间检验，从中发现：第一，从2014年第四季度开始，新股发行的进程明显加快，如2015年第一、二季度，每季度新股超过70只。而且伴随着新股收益显著提高，2015第二季度的新股平均涨停板数居然高达15.58个。第二，2014年第一季度的新股发行市盈率、定价和中签率显著高于别的时期的新股，这可能与重启IPO时间不长、股市才见好转、投资者间竞争程度较小、投资者情绪还够乐观等因素有关。第三，2015年第一、二季度的新股净资产收益率明显高于2014年的新股，但每股收益的差异不明显，这可能因为定价时关注点的转变。第四，2015年第二季度的新股中签率仅为0.43%，而一字涨停板数超过15个，这表明投资者的投资热情已充分点燃，乐观情绪达到新高。最后，在资产规模、收入规模、净利润、每股收益和第一大股东持股比等方面，不同时期的新股差异不明显。

表4　按上市日所处季度各变量均值及相应检验情况

	2014—1季	2014—2季	2014—3季	2014—4季	2015—1季	2015—2季	因素检验 *P* 值	Kwallis检验 *P* 值
样本数	48	4	29	44	70	74		
ZTS	1.10	9.25	7.52	8.45	8.29	15.58	0.000 0	0.000 1
REV	13.37	15.26	15.53	21.64	16.21	10.45	0.559 5	0.264 6
PRO	1.49	1.28	1.45	2.89	1.88	1.30	0.445 1	0.866 1
EPS	0.87	1.31	0.88	0.93	0.97	0.92	0.064 7	0.922 2
ROE	13.51	12.15	12.81	13.84	17.43	17.52	0.001 3	0.000 1
FXJ	23.26	16.90	14.19	13.62	14.09	13.80	0.000 0	0.000 1
FXL	8.00	7.91	8.26	8.19	8.15	8.00	0.454 9	0.463 3
PE	29.04	17.94	19.35	21.63	21.64	21.98	0.000 0	0.000 1
ZQL	1.75	0.57	0.71	0.61	0.72	0.43	0.000 0	0.000 1

（续表）

	2014—1季	2014—2季	2014—3季	2014—4季	2015—1季	2015—2季	因素检验 P 值	Kwallis检验 P 值
样本数	48	4	29	44	70	74		
MAJ	36.67	43.35	42.49	41.68	40.80	38.15	0.424 4	0.380 9
ASS	17.02	12.68	22.71	73.30	38.17	14.85	0.259 7	0.092 6

三、回归分析

通过上述分析及参考相关研究成果（如田利辉，2010；邹斌和夏新，2010；邹高峰等，2012；胡援成和管超，2014；牛枫和叶勇，2015等），拟定以下多元回归模型：

$$ZTS=\theta_0 ZQL+\theta_1 FXJ_i+\theta_2 PE_i+\theta_3 FXL_i+\theta_4 ASS_i+\theta_5 REV_i+\theta_6 PRO_i+\theta_7 EPS_i+\theta_8 ROE_i+\theta_9 MAJ_i+Dum_i+\varepsilon_i$$

Dum表示新股发行的季度或板块的虚拟变量。经过相关检验，不存在异方差、多重共线性等问题，表明模型设定合理。分别对总体、中小板、创业板、主板样本作回归分析，具体结果如表5，分析可知：第一，各回归模型拟合较好，R^2 值都超过0.6，且 P 值都接近于0。第二，从整个样本来看，新股发行价、第一大股东持股比例、中签率等显著与新股收益负相关，公司净利润与新股收益正相关，如其系数分别为−0.143、−0.027、−0.235 9和0.401。第三，如上文分析，上市时间和板块也是影响新股收益的重要因素，季度虚拟变量都与新股收益显著正相关。第四，对于中小板、创业板、主板样本，各变量符号与总体样本基本一致，如发行价、发行市盈率、净利润、资产规模、第一大股东持股比、中签率等，只是显著性水平存在一定差异，且上市所在季度仍是影响新股收益的重要因素。此外，营业收入、每股收益和净资产收益率对新股收益的影响相互间表现不同，这体现出投资者对于在三个板块上市的新股，关注的重点不同。这与牛枫和叶勇（2010）等的研究结果存在不同，而较支持邹高峰等（2012）学者的研究结果。

表 5 新股收益影响因素的实证结果

	全部	中小板	创业板	主板
FXJ	−0.143 (−3.55)***	−0.021 (−0.230)	−0.120 (−1.530)	−0.267 (−4.25)***
PE	−0.082 (−1.430)	−0.029 (−0.270)	−0.016 (−0.150)	−0.116 (−1.240)
ASS	−0.007 (−1.310)	−0.018 (−1.020)	−0.119 (−0.810)	−0.010 (−1.93)*
REV	−0.002 (−0.190)	0.014 (0.440)	0.187 (1.140)	−0.017 (−1.400)
PRO	0.401 (2.135)**	0.743 (1.250)	0.238 (0.220)	0.678 (2.91)***
EPS	−0.556 (−0.950)	−2.934 (−2.165)**	−0.894 (−0.580)	0.051 (0.070)
ROE	0.027 (0.710)	0.058 (0.490)	0.068 (0.900)	0.085 (1.510)
MAJ	−0.027 (−1.685)*	−0.039 (−1.200)	−0.040 (−1.130)	−0.024 (−1.140)
ZQL	−2.359 (−3.135)***	−2.770 (−2.615)**	−2.504 (−1.420)	−2.720 (−2.29)**
FXL	0.728 (−1.470)	−0.991 (−0.960)	−1.421 (−1.290)	−1.067 (−1.520)
常数	16.839 (3.98)***	16.094 (1.88)*	20.863 (2.22)**	25.444 (3.97)***
季度	控制***	控制***	控制***	控制***
板块	控制***	——	——	——
样本数	269	53	110	106
R^2	0.671	0.806	0.682	0.677
F	30.15***	10.26***	13.45***	12.55***

注：括号中为 t 统计量，“ *** ”“ ** ”“ * ”分别表示 1%、5%、10%的显著性水平。

考虑到新股首日涨幅的不同、变量异常值的影响及缩小时间效应等因素，为检验以上回归结果的稳健性，选择至破板日累计涨幅的自然对数值作为被解释变量及对2015年的新股样本作特别分析，且对连续变量作winsor（临界值0.01）缩尾处理，作稳健回归如表6。从中可看出，第一，用累计涨幅做因变量时，模型的R^2值变得更高，说明拟合性变得更好，变量如发行价、中签率、第一大股东持股比等仍是影响新股收益的重要因素且系数符号一致，其余变量符号与以上结果基本一致，只是个别在显著性水平上存在不同。第二，以2015年上市新股为研究对象，但因变量仍是涨停板数，其分析的结果与以前分析也大同小异。这都表明以上回归结果是稳健的，即新股的发行价、公司盈利能力、投资者热情与新股收益正相关，而发行市盈率、发行量、第一大股东持股比等因素与新股收益负相关，且上市时机是投资者情绪和新股收益高低的关键因素，上市板块在一定程度也是重要因素。

表6　稳健性检验回归结果

	破板日累计涨幅作因变量	2015年新股
FXJ	−0.016 (−2.96)***	−0.151 (−1.78)*
PE	−0.008 (−0.97)	−0.069 (−0.38)
ASS	−0.000 (−0.59)	−0.003 (−0.21)
REV	0.001 (0.53)	0.007 (0.31)
PRO	0.046 (2.21)**	0.356 (0.72)
EPS	−0.098 (−1.46)	−1.004 (−0.98)
ROE	0.004 (0.63)	0.031 (0.46)
MAJ	−0.004 (−1.96)*	−0.053 (−1.8)*
ZQL	−0.51 (−4.41)***	−14.94 (−10.97)***

（续表）

	破板日累计涨幅作因变量	2015 年新股
FXL	−0.11 (−1.72)*	−0.25 (−0.31)
常数	6.06 (9.44)***	22.84 (3.12)***
季度	控制	—
上市板块	控制	控制
样本数	269.00	144
R^2	0.75	0.5199
F 值	46.25***	17.21***

注：括号中为 t 统计量，“***”“**”“*”分别表示 1%、5%、10%的显著性水平。

四、结论

此轮 IPO 重启后发行的新股表现令投资者情绪高涨，掀起了新一轮的“打新”热潮。在积极地追逐新股、争取新股收益时，不禁追问影响新股收益高低的因素究竟是什么？在现行的发行规则及新的股市行情下，研究上市首日收益显然没有意义，难以探究新股个股背后具体的差异，从而难以真正区分和识别影响新股收益的关键因素，而这轮新股形成的研究样本可在一定程度上弥补此不足。本文通过研究 2014 年到 2015 年 5 月底上市新股的累计收益发现：首先，影响新股收益的关键因素有投资者情绪、上市时机、发行价、第一大股东持股比例等，即发行价、中签率、第一大股东持股比例越高，则新股收益越低。其次，公司盈利能力相关因素虽然正向影响新股收益，但显著性水平相对不高，重要性较小。再次，在相同条件下，公司盈利能力对主板上市的新股收益影响相对更大，新股公司选择主板、中小板还是创业板上市是关乎新股收益高低的次要因素。最后，创业板的新股发行价和发行市盈率显著高于中小板和主板，中小板上市的新股数量远少于创业板和主板。

由上可推断，在目前的发行制度下，新股收益高低主要由股市整体行情好坏而带动的投资者乐观情绪高低而决定，而与新股公司本身盈利能力的关系相对较弱。此外，新股收益虽然与发行价、发行市盈率等定价要素息息相关，但并不能表明新股收益越高就意味定价效率的不足，它更多地反映出投资者情绪悲观、乐观的程度及股市整体行情的好坏。因此，对于追求新股收益的投资者来说，不是股市充斥各因素以致难以理性选择，而是感觉市场行情好坏，从而遵循羊群效应，蜂拥追求新股、追求超额收益。对于谋求IPO融资的公司来讲，选择一个好的时机（投资者情绪充分乐观时）更为重要，这在目前的审批制下或许意义不明显，但在未来的注册制下将被更多公司所实践。

参考文献

[1] 初昌雄.新股破发与新股发行定价问题研究[J].市场经济与价格，2011.

[2] 方军雄.信息公开、治理环境与媒体异化——基于IPO有偿沉默的初步发现[J].管理世界，2014(11).

[3] 华猛，肖文东.2010年以来新股收益及申购策略分析[J].金融市场，2010.

[4] 胡小龙，罗汉君，姚堃.中国新股发行制度改革目标与方向——论以“行业平均市盈率”为基础的新股定价原则[J].南方经济.2013(7).

[5] 胡援成，管超.媒体关注对IPO抑价影响路径探究——基于创业板的经验证据[J].商业经济与管理，2014(4).

[6] 刘尧，孟卫东，方军雄.新股发行制度市场化改革与融资招募现象[J].证券市场导报，2010.

[7] 陆瑶，赵宇烨.合资承销商影响新股破发率的实证研究[J].经济纵横，2010(1).

[8] 牛枫，叶勇.媒体报道影响中小板公司IPO抑价吗[J].当代财经，2015(2).

[9] 饶育蕾，王攀.媒体关注度对新股表现的影响——来自中国股票市场的证据[J].金融论坛，2010.

[10] 史欣向，钟伟，万自强.中国股市新股破发的原因——基于随机成本边界模型的实证研究[J].西安财经学院学报，2013(5).

[11] 汤胜.中国上市公司股权再融资新股定价问题研究[J].经济问题探索，2008(4).

[12] 田利辉，张伟，王冠英.新股发行：渐进式市场化改革是否可行[J].南开管理评论，2013.

[13] 熊维勤.新股发行机制、投资者乐观情绪与IPO高抑价[J].南方金融，2008.

[14] 赵保国.新股发行上市溢价之谜的解释——基于中国证券市场的实证分析总体描述分析[J].财经问题研究，2007.

[15] 邹斌，夏新平.中国IPO股价的信息含量及其上市首日收益研究[J].管理科学，2010.
[16] 邹高峰，张维，徐晓婉.中国IPO抑价的构成及影响因素研究[J].管理科学学报，2012（4）.

Study on the influencing factors of the earnings of new shares —based on the number of raising limit of new shares

Yang Zhuqing, Zhang Caolin

Abstract: Under the current issue rules and new conditions in equity markets, using the first day of gains apparently has no meaning and is difficult to explore the differences of shares, and thus it is difficult to truly identify the key factors affecting the income of the new shares. Through studying on specific cumulative gain of the listed shares between 2014 to may 2015, we found that the key factors affecting the income of the new shares is investor sentiment and market timing, issue price, the first largest shareholder shareholding ratio.although the company profitability has a positive effect on new shares income, importance is not prominent. In addition, it is also found that the issue price of gem shares and the issue price earnings ratio is significantly higher than the small board and motherboard, and the company's profitability is greater in new shares of the motherboard than other.

Key Words: New Issued; New Shares Revenue; Raising Limit Board

市场地位对我国企业商业信用的影响研究

李　晶①

摘　要：本文以2005—2015年我国A股制造业上市公司数据为样本，检验不同市场地位对我国企业商业信用的影响。研究证据表明，相对市场地位低的企业，市场地位高的企业更容易获得商业信用，同时也提供更多的商业信用。在货币政策紧缩时期，不同市场地位对于企业商业信用的使用的影响更为明显，说明该货币政策加剧了市场地位的效应。

关键词：商业信用；市场地位；货币政策

一、引言

商业信用发展历史悠久，在我国最早可追溯到先秦简单的商品集市赊销交易。经过几千年的发展，商业信用的功能已不仅是用于商品交易的赊销，更多的是作为一种短期融资方式。商业信用是指企业在商品贸易往来中提前或者延期收取货款的行为。货物与资金的时间差实际上是企业的一种融资途径，为企业赢得了资金周转时间。微观层面对商业信用为何存在以及受哪些因素影响的问题，学术界已展开充分的理论和实证层面的研究，并且取得了丰硕的成果。早期理论有融资动机理论、信贷配给理论，同时出现了竞争性假说和买方市场理论，等等。本文主要从不同市场地位的角度，探讨市场地位的高低对我

① 李晶（1992—），女，华南理工大学经济与贸易学院。研究方向为商业银行经营与管理。

国企业商业信用的获取、提供和净商业信用的影响，同时加入货币政策的宏观影响因素。本文丰富了宏观机制和微观机制的研究，对我国企业尤其是中小企业的融资现状做了探究，拟为我国企业商业信用的发展及货币政策宏观调控贡献一点绵薄之力。

二、理论分析与问题提出

（一）企业市场地位与商业信用

商业信用是企业在商品交易往来中延期付款或者提前收款而获取对方企业的信用形式。从交易的双方来说，企业的商业信用包括供需双方，即商业信用的提供方（授信）与商业信用的接受方（受信）。商业信用对于大部分的企业来说是双向的，企业既是上游企业供应商的商业信用接受方，也是为下游企业提供商业信用的一方。Fisman and Raturi（2004）及 Van Horen（2005）提出竞争性假说认为，企业使用商业信用的动机主要由于市场地位高的企业在市场上具有一定的影响力，是一种主动性融资。不同的市场地位对于企业的商业信用使用有着不同的影响。Summers and Wilson（1999）通过对企业的经验研究发现，对于市场地位高的企业来说，其可以利用较强的议价能力，使得商业信用成为一种便宜的融资方式，同时也能获得更多的商业信用。市场地位高的企业即使不提供商业信用也不会流失客户，那么对于市场地位低的企业是否就是更多地向市场地位高的企业提供商业信用呢？有研究发现市场地位高的企业更容易获得金融机构的青睐，因此也会获得更多的银行信用。那么获利能力强的企业会将从正规金融机构得到贷款的一部分通过商业信用转贷给商业伙伴吗？

基于上述分析，本文提出的第一个问题是：对于不同市场地位的企业，在商业信用的获得、提供以及净商业信用的使用上是否有不同，即市场地位的高低对商业信用融资的影响。

（二）货币政策与商业信用

货币政策是我国宏观调控的重要工具，货币政策对我国企业经济活动的影响主要体现在影响企业的融资成本和限制企业融资规模上。对货币政策的研究主要集中于货币政策的有效性以及货币政策的传导渠道。大量研究已证实，在我国，货币政策通过信贷渠道进行传导，银行信贷与商业信用之间存在“替代性"关系。陆正飞和杨德明(2011)发现,宽松的货币政策拓宽了企业获取银行信贷的渠道,同时也促进了更多商业信用的使用;而当银根紧缩时,企业的信贷大幅减少,商业信用的替代性融资功能凸显。货币政策紧缩时期,银行更加惜贷,市场流动性资金紧缩,不同市场地位的企业的商业信用融资是否有不同?中小企业在受到信贷歧视的状况下,融资困境更加明显,市场地位高的企业会提供商业信用吗?有研究表明,货币政策紧缩期,虽然大型企业融资渠道通畅,但没有向融资受约束的中小企业提供商业信用(Van Horen,2005;Fabbri & Klapper,2008)。

基于以上分析,本文提出了第二个问题,在货币政策紧缩时期,不同地位的企业在使用商业信用融资上有何差异,是否货币政策的变动加剧了其差异。

三、研究样本与研究设计

(一)样本选取与数据

本文主要研究不同市场地位对我国企业商业信用的影响,研究样本为2005—2015年我国A股制造业上市公司的年度数据,样本区间为11年。在样本整理筛选过程中,我们按照惯例做了如下调整:①删除股东权益小于零的公司;②剔除样本区间被ST的公司;③删除关键变量严重缺失的公司。同时为了保证数据的稳健性,我们对所有连续变量数据进行了winsorise缩尾处理。经筛选,本文最后得到12 073个年度观察值,共1 706家公司的样本数据。

本文所有的财务与市场数据均来自于CSMAR数据库,宏观数据来自中国人民银行等相关网站。

(二)变量定义与模型设计

关于货币政策的衡量问题,一直是学术界在不停探讨的研究热点。国际文献对货币政策的研究采用了货币政策紧缩年度的虚拟变量。大多数学者对货币政策的界定,分为两个方面:一是基于特定的货币政策报告定性地分析货币政策;二是根据相关宏观指标来界定货币政策的紧缩区间。

本文借鉴陆正飞、杨德明(2011)的方法,用M2、CDP和CPI的增长率来定量地界定货币政策的紧缩区间。具体公式为:MP=M2增长率——GDP增长率——CPI增长率,若该指标偏大,则说明货币政策倾向于宽松;反之则紧缩。

根据测算,2005—2015 年的 MP 值依次为:−6.7%、0.1%、−2.9%、−11.2%、−6.3%、19.2%、−1.9%、−6.5%、1.5%、0.9%、0.8%、5%,因此本文将 2004、2006、2007、2008、2011 年界定为货币政策紧缩期,其余的年份为宽松期。

关于企业市场地位变量的衡量,本文采用市场占有率来衡量企业的市场地位,即企业的销售收入占行业销售收入的比重。同样用虚拟变量表示,市场地位高界定为 1,反之为 0。

本文研究不同的市场地位的企业对我国企业的商业信用的使用或者提供有着怎样的影响。同时加入货币政策的宏观因素,以探究货币政策下,不同的市场地位的企业使用商业信用融资又会有怎样的变化。

于是模型设定如下:

$$TC_{i,t} = \alpha_0 + \alpha_1 MARKET + \alpha_2 MP + \alpha_3 MP * MARKET + \sum\beta_i Control\ variables + \varepsilon_{i,t}$$

其中 i,t 分别表示公司 i 和年度 t。Control variables 代表控制变量,$\varepsilon_{i,t}$ 为回归残差。以上回归模型的因变量 TC 分别为净商业信用 NTC、商业信用的获得 AP 和商业信用的提供 AR,均用总资产标准化。模型中,加入货币政策与市场地位的交互项,以反映货币政策对不同市场地位的企业利用商业信用的影响。若交互项的系数 α_3 显著为正,说明货币政策紧缩时期,市场地位高的企业使用商业信用越多。

表 1 相关变量的描述和定义

变量类型	变量名称	意义	变量解释
因变量	AP	商业信用的获得	(应付账款+应付票据+预收账款)/总资产
	AR	商业信用的提供	(应收账款+应收票据+预付账款)/总资产
	NTC	净商业信用	(应付账款+应付票据+预收账款−应收账款−应收票据−预付账款)/总资产
自变量	MP	货币政策	定量指标(M2 增长率−GDP 增长率−CPI 增长率)虚拟变量,货币紧缩期为 1,宽松为 0
	MARKET	市场地位	销售收入/行业总收入 虚拟变量,市场地位高为 1,低位 0

（续表）

变量类型	变量名称	意义	变量解释
控制变量	SIZE	企业规模	总资产的对数
	LEVEL	杠杆率	总负债/总资产
	ROA	资产利润率	税前净利润/总资产
	PROFIT	盈利能力	主营业务利润/主营业务收入
	CFO	经营活动现金流	经营活动现金流/总资产

四、描述性统计与实证结果

（一）描述性统计

表2列出了主要变量的描述性统计值，可以看出，上市公司的商业信用的获得均值为0.204 6，而商业信用的提供均值为0.188 8，平均来讲，企业从供应商获得的商业信用略多于商业信用的提供。但是净商业信用的均值为−0.020 4，说明企业更多地提供了商业信用，而减少了获得的商业信用。两者互相矛盾，我们可以看到AP商业信用的获得方差较大，说明企业在商业信用方面的差异很大。下面的章节将会实证检验企业是更多地提供商业信用还是获得了商业信用。

此外，在表2中有33.62%的观察值在货币紧缩年度，有17.49%的观察值相对市场地位较高。

表2 主要变量描述性统计

指标 变量名	观测数	均值	方差	最小值	最大值
AP	12 073	0.204 6	0.344 7	0.000 0	21.617 4
AR	12 073	0.188 8	0.108 7	0.000 0	0.871 8
NTC	12 073	−0.020 4	0.138 1	−0.765 2	3.329 1
MP	12 073	0.336 2	0.472 4	0.000 0	1.000 0
MARKET	12 073	0.174 9	0.379 9	0.000 0	1.000 0

（续表）

指标 变量名	观测数	均值	方差	最小值	最大值
SIZE	12 073	9.365 5	0.512 6	7.254 3	11.617 9
LEVEL	12 073	0.441 4	0.223 5	0.046 5	1.226 6
PROFIT	12 073	0.058 6	0.158 5	−0.835 9	0.462 5
ROA	12 073	0.053 1	0.371 1	−5.298 4	22.005 1
CFO	12 073	0.044 4	0.090 5	−4.269 6	0.914 4

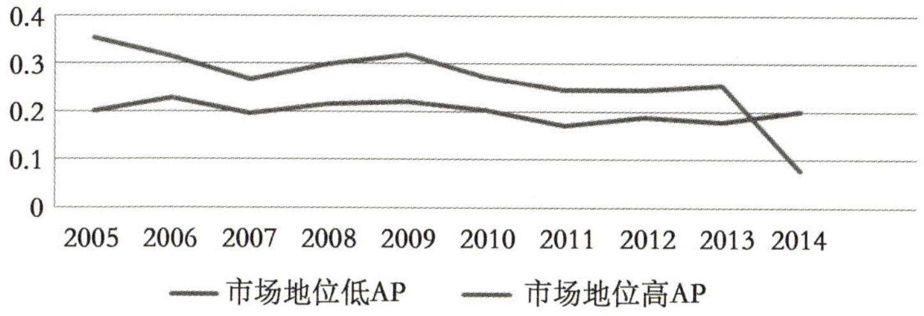

图 1　不同市场地位的企业获得商业信用融资的情况

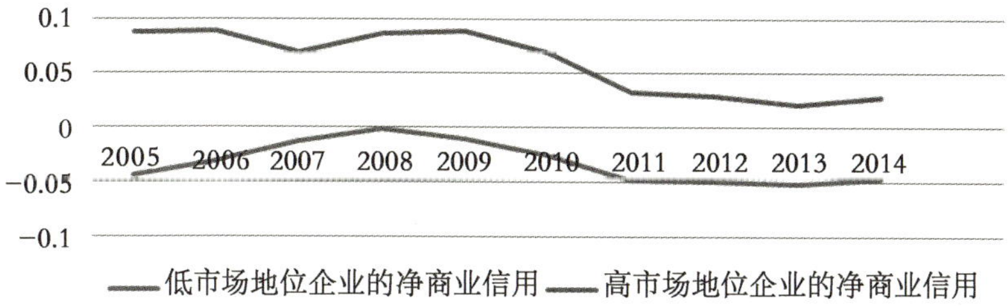

图 2　不同市场地位的企业提供商业信用融资的情况

图 1 与图 2 展示了 2005—2015 年不同市场地位的企业获得和提供商业信用融资的趋势图，不难看出，在图 1 中，相对市场地位低的企业，市场地位高的企业会获得更多的商业信用融资，这与我们的预期相符，较高的市场地位意味着企业有较强的议价能力，能在市场上获得供应商的商业信用融资。而图 2 显示了不同市场地位的企业提供的商业信用的情况，从中可以看出，市场地位低

的企业会提供更多的商业信用,但总体而言,两者的差距不是很明显,说明市场地位的高低对企业的商业信用提供影响不大。竞争性假说认为,企业为了促进销售、扩大市场,也会向中下游企业提供更多的商业信用作为增强竞争力的手段。因此既然市场地位高的企业可以获得更多的商业信用融资,那么它也可以在为了增强竞争力,一定程度上提供商业信用。

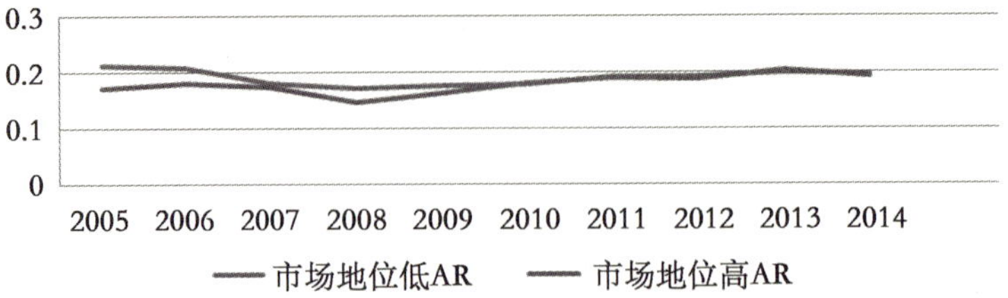

图3 不同市场地位的企业净商业信用的趋势

图3展示了2005—2015年不同市场地位的企业使用净商业信用融资的趋势,图中净商业信用是每年商业信用的均值情况,可以看出市场地位的高低对企业的净商业信用的影响很明显。市场地位高的企业使用净商业信用明显高于低市场地位的企业。同时发现市场地位低的企业的净商业信用基本为负值,说明其很难通过商业信用渠道获得融资。而且,市场地位低的企业基本处于商业信用的净提供。

(二)实证结果分析

通过以上描述性统计之后,本文对以上3个模型进行回归分析,回归结果与模型预期结果大致符合,具体结果如下文所示。

表2列出了模型的回归结果,因变量为净商业信用NTC,用于衡量扣除被企业占用的资金外的企业可以获得的净商业信用数额;商业信用的获得AP,用于衡量企业从上游供应商取得的商业信用融资;商业信用提供AR,用于衡量企业向中下游企业提供的商业信用。

在AP多元回归结果中,MARKET系数为0.049 5,这说明商业信用的提供与市场地位显著正相关,即市场地位越高,企业获得的商业信用融资越多,企业在生产经营中更多地通过赊销或预收款来占用其他企业的资金。MP的系数显著为负,说明货币政策紧缩时期,企业将会获得更少的商业信用。在货币政策紧缩时期，市场上的流动性紧缩，相应的企业的流动资金减少，因而会获得更少的商业信用融资。MARKET * MP 交互项的系数显著为正，反映了货币政策紧缩期，市场地位与获得商业信用之前的正相关性更为显著。在货币紧缩期，企业市场地位的高低对企业商业信用获得的作用更加显著，也说明企业的市场地位的提高更有利于企业获得商业信用。

在 AR 多元回归结果中，MARKET 系数为 0.012 6，显著为正。这说明市场地位高的企业同样也会更多地提供商业信用。这实际上也是一种商业信用融资的再分配。如上所述，竞争性假说能更好地解释这一现象。而在模型结果中 MP 与 MARKET * MP 的变量系数虽预期的方向一致，但是并不显著。

在 NTC 多元回归结果中，MARKET 系数为 0.011 4 且显著，说明市场地位高的企业能获得更多净商业信用，即更少的资金被占用或更多的占用其他企业的资金。从另一面也显示了市场地位的高低对企业融资可得性来说很重要。这也正是我国中小企业面临融资难的问题。在模型结果中，MP 的系数显著为正，这与我们预期的结果矛盾，差异的原因可能在于样本变量的选取过于集中，代表性不强。

表 2　模型回归结果检验

	因变量		
	AP	AR	NTC
MARKET	0.049 5*** (0.014 2)	0.012 6*** (0.003 21)	0.011 4*** (0.004 41)
MP	−0.011 6* (0.007 03)	−0.002 00 (0.001 38)	0.004 38** (0.001 92)
MARKET* MP	0.054 0*** (0.016 9)	0.001 21 (0.003 27)	0.003 05 (0.004 57)
SIZE	−0.076 7*** (0.010 2)	−0.000 905 (0.002 75)	0.024 0*** (0.003 67)
LEVEL	−0.001 25 (0.002 11)	−0.003 01*** (0.000 508)	0.006 08*** (0.000 693)
PROFIT	0.001 63** (0.000 830)	0.000 063 (0.000 162)	−0.000 219 (0.000 226)

（续表）

	因变量		
	AP	AR	NTC
ROA	−0.015 8* (0.008 59)	−0.007 43*** (0.001 74)	−0.002 08 (0.002 42)
CFO	0.008 82 (0.035 8)	−0.082 4*** (0.007 37)	0.149*** (0.010 2)
CONSTANT	0.911*** (0.095 0)	0.205*** (0.025 7)	−0.267*** (0.034 2)
Observations	12,073	12,073	12,073

Standard errors in parentheses　*** $p<0.01$，** $p<0.05$，* $p<0.1$。

五、稳健性检验

本文将当期营业收入代替总资产对商业信用因变量进行标准化，营业收入是流量指标，能够更好地反映企业的经营性活动对资金的需求。所得结果与表2回归结果基本一致。

六、主要结论

本文以我国A股制造业上市公司数据为样本，实证分析了不同市场地位对我国上市公司商业信用的影响，得出以下结论：

(1)我国商业信用向市场地位高的企业集中。市场地位高的企业不仅在商业信用获得上得到更多的商业信用融资，同时也能提供更多的商业信用。但是总的来说，相对市场地位低的企业，市场地位的提高，有助于企业使用更多的净商业信用进行融资。中小企业的融资困难势必会影响企业的健康发展，随着我国金融市场的不断完善，企业应该更加注重自身市场地位的提高，同时也要注重资金的使用效率。

(2)货币政策是重要的宏观调控手段。在货币政策紧缩时期，中小企业更少地获得商业信用，由于其资金周转更加困难，因此也比市场地位高的企业更少地提供商业信用，因此紧缩的货币政策加剧了中小企业的融资困难。

参考文献

[1] 张新民，王珏，祝继高.市场地位、商业信用与企业经营性融资[J].会计研究，2012(8)：58-65，97.

[2] 陈金龙，周兴.市场地位、商业信用与信贷传导效应[J].金融论坛，2014(7)：59-69.

[3] 吴争程，陈金龙.货币政策、市场地位与企业商业信用[J].金融理论与实践，2014(9)：6-11.

[4] 王喜.市场竞争、银行信贷与上市公司商业信用[J].财贸研究，2011(3)：103-110.

[5] 陆正飞，杨德明.商业信用：替代性融资，还是买方市场？[J].管理世界，2011(4)：6-14，45.

[6] 饶品贵，姜国华.货币政策对银行信贷与商业信用互动关系影响研究[J].经济研究，2013(1)：68-82，150.

[7] 余明桂，潘红波.金融发展、商业信用与产品市场竞争[J].管理世界，2010(8)：117-129.

[8] Allen，F.，J.Qian.，and M.J.Qian，2005. Law，Finance，and Economic Growth in China [J].Journal of Financial Economics ，No.77，pp.57-116.

[9] Fisman，R.，and I.Love，2003. Trade Credit，Financial Intermediary Development，and Industry Growth[J]. Journal of Finance，No.58，pp.353-374.

The Impact of Market Power on Trade Credit

Li Jing

Abstract：This paper takes the data of China's A share manufacturing listing Corporation in 2005—2015 as a sample to test the influence of different market positions on the business credit of our country. Research results show that firms with relatively stronger market power more likely to acquire trade credit，meanwhile provide more trade credit，compared with those with weaker market power. In the period of tightening monetary policy，the influence of different market power on the use of trade credit of enterprises is more obvious，which indicates that the monetary policy has intensified the effect of market power

Key Words：Trade Credit；Market Power；Monetary Policy

供给侧改革下我国普惠金融深化改革的路径研究[①]

陆岷峰[②]　杨　亮[③]

摘　要：自2006年推行普惠金融以来，我国金融服务的覆盖率、满意度、可得性均得以有效提升，对于经济增长的正面效用也得到实践证明。但在经济增速降档的新常态下，普惠金融的诸多问题与挑战逐渐凸显出来，其发展也进入瓶颈期。2015年，国务院发布了《推进普惠金融发展规划(2016—2020年)》，明确要求加快我国普惠金融发展，加大对小微企业、涉农行业、社会弱势群体等领域的金融支持。而在"十三五"规划与供给侧改革的双重背景下，我国经济将更加注重全要素生产率，通过优化劳动力、土地、资本及创新等供给，提升资源配置效率与经济增长质量，相应地为普惠金融带来发展良机。因此，亟需基于对新常态经济转型的深入分析，准确把握供给侧改革的时代契机，普惠金融深化改革需发挥政府引导与支持作用、依托互联网驱动金融创新、构建多层次金融供给机制、利用市场化运作以对称风险收益、营造协作共生的金融生态圈、持续深化跨业跨界协同。

① [基金项目]江苏省互联网金融协会省级项目"供给侧结构性改革下普惠金融深化改革路径研究"(项目编号：2016SHJ03)。

② 陆岷峰(1962—)，汉族，江苏金湖人，教授、博士，现供职于江苏银行总行董事办，任高级会计师，江苏省互联网金融协会秘书长。

③ 杨亮(1991—)，江苏南京人，南京财经大学金融学院研究生，研究方向为金融风险管理。

关键词：供给侧改革；普惠金融；深化改革；信贷资源

一、引言

在我国经济结构转型调整的背景下，国内经济仍维持着下行走势，2015 年 GDP 同比增长率下滑至 6.9%，降为 25 年以来最低点，同时第三季度末商业银行不良贷款余额为 11 836 亿元，不良贷款率则 1.59%①。这不仅揭示出国内实体经济正处于转型升级的阵痛期，还进一步表明传统需求侧管理的经济政策已难以解决当前问题。当前经济下滑的核心原因是结构性与体制性因素，而并不是外部性和周期性导致的，供需错配才是亟待解决的实质问题，因而必须从供给端探索经济的改革路径（贾康、苏京春，2014）。“供给侧改革”是基于新常态下的我国经济大环境，将有效激发消费倾向，推动第三产业在经济中的比重逐步提升，而第二产业中的传统工业比重将进一步降低（邵宇，2015）。而作为第三产业中发展势头强劲的普惠金融，既是驱动供给侧改革的重要一环，也能够在供给侧改革进程中获得深化改革的发展契机。

自 2006 年推行普惠金融以来，我国金融服务的覆盖率、满意度、可得性均得到极大提升，呈现出服务主体多元、服务覆盖面较广、移动互联网支付使用率较高的特点，对于经济增长的实际效用得到实践证明（郭田勇、丁潇，2015）。截至 2015 年 9 月末，我国小微企业贷款余额达 22.5 万亿元，占各项贷款比重之和的 23.1%，较 2011 年末增长了 82.7%，小微企业申贷获得率为 90.6%②。但在经济增速降档的新常态下，普惠金融的诸多障碍与挑战逐渐凸显出来，如服务不均衡、体系不健全、金融基础设施缺失等问题，导致其发展进入瓶颈期。

2015 年 11 月，中央会议再次强调了发展普惠金融的必要性，要求进一步提高金融服务的覆盖率、可得性、满意度，满足人民群众日益增长的金融需求。而国务院《推进普惠金融发展规划（2016－2020 年）》的发布，更是标志着发展普惠金融已明确上升到国家战略层面。因此，基于对新常态经济转型的深入分

① 数据来源：《2015 中国金融不良资产市场调查报告》。

② 数据来源：中国银行业监督管理委员会，www.cbrc.gov.cn/index.html。

析，准确把握我国供给侧改革的时代契机，积极探索普惠金融的深化改革路径，不仅具有推动“大众创业、万众创新”、服务“十三五”规划的战略意义，更有加快我国经济转型升级的实际价值。

二、供给侧改革下普惠金融的发展机遇

现阶段，我国经济困境并非是简单的需求减少所致，而是总供给与总需求的不合理匹配。供给侧改革的推行就是为打破障碍供求错配的困局，将各类资源合理分配到需求更多、效益更好的部门，通过去产能、去库存、去杠杆、降成本、补短板等方式，为总供给与总需求的重新匹配提供条件。而供给侧结构性改革需依托于普惠金融发展，并加大对小微企业、涉农行业、社会弱势群体等领域的金融支持，从而为普惠金融的小额信贷、互联网金融、农村金融、共享金融等领域带来了极好的发展机遇。

（一）互联网金融迎来成长契机

随着我国迈入中等偏上收入水平国家，国内需求发生了新升级，只有通过扶持现代服务业与高端制造业来调整产业结构，并加速出清产能严重过剩行业，才能逐步重建新的核心竞争力。而互联网金融能基于大数据、云计算等技术手段，解决信息不对称问题，推动市场信息透明化，并有利于进一步推进普惠金融，提升社会投资的积极性，进而有利于实现供给侧改革自下而上稳步高效的推进。另一方面，供给侧结构性改革的实施，也极大拓展了互联网金融的发展空间。由于小微企业在融资过程中极易遭遇不公平对待、金融环境不宽松等情况，极大程度上抑制了高科技、高尖端技术产业的创新发展。而供给侧改革能够实现金融产品效率更高、服务更周到、成本更易控，大幅消除各行业的垄断与壁垒，推动大众创业、万众创新，从而为互联网金融平台提供更优质的资产，带来极为难得的发展契机。而由于互联网金融与普惠金融内在的高度契合性与融合性，供给侧改革下前者的快速成长也必将推动普惠金融的发展。

表1　互联网金融与传统金融功能对比

	传统金融	互联网金融
供求匹配	间接	直接

（续表）

	传统金融	互联网金融
资金供求	依托银行匹配	去中介化
产品设计	复杂、不易操作	简单、易于操作
交易成本	较高	较低
支付渠道	银行	互联网/移动支付
信息处理	传统 IT 技术	大数据
风险评估	信息不对称	信息对称

（二）农村金融进入快速发展期

农村金融是我国农村供给侧改革最切实的有效途径，对于推动普惠金融发展、服务农村融资需求均有重要的现实意义。截至 2014 年末，我国累计建立 1 296 家新型农村金融机构，其中农村资金互助社 49 家，村镇银行 1 233 家，共吸收各类资金逾 893 亿元，存款余额达 5 826 亿元，各类贷款余额为 4 896 亿元，其中农户与小微企业贷款余额累计占到 92.91%，分别为 2 137 亿元和 2 412 亿元。如图 1 所示，我国农村金融的不良贷款率均呈下降趋势，可见农村金融的整体发展前景还是相对乐观的。而作为农村金融中的重要部分，尽管农村商业性与政策性金融能有效拓展农业融资与推动现代农业发展，但该类金融服务的覆盖面极其有限，导致大批具有良好发展前景的农业农村项目因融资困难而难以成长。而且由于农村普惠金融发展过于滞后，使得农村资金由于城镇化进程而流向城市，农业农村发展缺少金融支持，从而极大程度上抑制了农业农村供给的创新改革。农业层面的供给侧改革不仅包含农业经济的转型升级、涉农产业的结构调整，还涉及农产品加工业及其市场体制的健全、现代农业科技创新与质量安全体系的构建，尤其要加快农村三类产业结构的优化调整。在经济新常态下，我国传统农业金融必须加快商业模式的创新升级，积极与农业供给侧结构性改革相融合，因此促使农村普惠金融迎来创新发展的新时代。

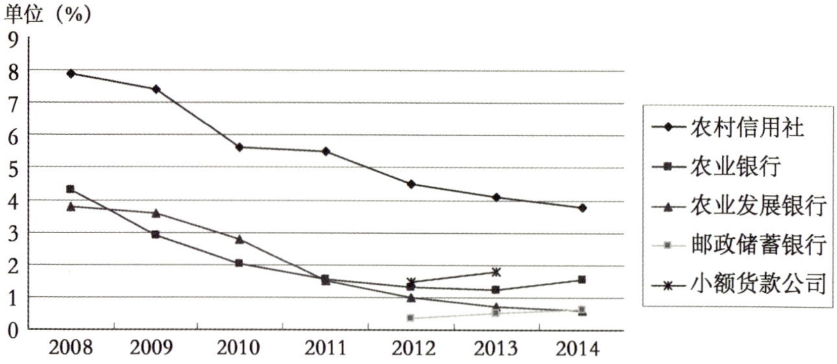

图1　我国农村金融机构不良贷款率变动趋势

数据来源:《中国货币政策执行报告》(2008—2014)、《中国农业发展银行年报》(2008—2014)、《中国农业银行年报》(2008—2014)等。

（三）消费金融发展潜力继续释放

消费金融主要是面向居民消费需求而形成信贷产品与服务,能大幅解放居民的消费需求,提升社会总消费水平,同时也是普惠金融的重要组成部分。截至2014年末,我国消费在GDP中的比重已为51.2%,而2015年1～10月,消费与GDP之比已上升至58.2%,已远远超过“十二五”逾期45%的目标,并且仍保持着增长趋势,这表明了我国经济结构的转型升级方向。尽管我国消费金融近几年来实现了快速成长,但国内巨大的消费潜力还远未完全释放,部分消费需求难以获得有效供给。如出境旅游、海外消费逐年增加,连马桶盖、纸尿裤等物品仍需进口,显示出需求外溢、消费外流现象严重,并提醒着我国经济的供给侧急需调整优化。基于消费需求的推动促使产业结构优化,从而驱动供给侧结构性改革与产业升级,围绕着客户需求与体验,营造消费需求侧与供给侧的良性循环。同时在互联网金融蓬勃发展及大数据普遍应用的背景下,消费金融服务的便利性得以大幅提升,并将持续探索创新金融生态圈的构建,从而进一步推动我国金融服务的普惠性发展。

（四）共享金融成为经济增长新亮点

互联网的内涵是共享,普惠金融强调的本质也是共享,因此是金融系统供给侧改革的关键推手,同时也是普惠金融的重要实现途径。而基于供给侧结构性改革的视角分析,共享金融将成为我国新的经济增长点。据瑞士信贷集团数据统计，截至2014年末，世界共享经济的总规模为150亿美元左右，到2025年或将达到3 350亿美元。而当前我国共享金融尚处于发展初期，但成长速度较快，以众筹行业为例，截至2015年6月底，国内众筹平台已有211家，其中53家为该年上半年新成立的，行业募资总额达到46.66亿元。未来传统金融行业的发展，需从科技进步、制度完善转到管理创新，这实质上就是金融业的一种供给创新。而共享金融的实质是基于线下金融资源的再分配，改善信贷资源的匹配服务效率，推动借贷双方的直接交易，因此有利于进一步推进普惠金融以及处理现代金融系统的脆弱性。

三、我国普惠金融的发展障碍分析

（一）政策性与商业性的难以兼容

普惠金融体系下如何维持商业的可持续性，始终是政府在制定政策时尤须考虑的。传统金融机构以营利为经营目标，信贷资源具有逐利性，严格的信贷责任追究机制。由于服务理念与群体的独特性，普惠金融本身就带有较强的政策性、公平性等社会功能，而政府的基础性投资与补偿机制的缺失，导致普惠金融模式下权责失衡，因此无法获取商业金融的长期支持。金融业是存有高风险的行业，高进入门槛能够防控金融风险，而普惠金融的服务对象具有弱质性，因而相对于高端客户处于竞争劣势。由于传统金融服务的高门槛，使得信贷资源偏向于优质客户、大企业群体，从而导致了信贷资源分配上对于弱势群体的“挤出效应”。而普惠金融服务坚持低门槛、广范围，这在提升弱势群体金融服务覆盖率的同时，也增大了推行普惠金融的风控压力。

（二）需求与供给匹配的有效性欠缺

普惠金融在理念上是为致力于建立服务普通社会大众的金融体系，但在实际推进过程中，普惠金融还需着重权衡需求与供给的有效配置。一方面，普惠金融的服务供给还应对企业发展前景、市场前景、产品前景及服务成本等方面全面考量，如金融机构在偏僻山村设立自助服务终端是不合理的。另一方面，在提供普惠金融服务时，应对需求的种类、金额、地域分布等方面进行综合评估，有效的金融服务需以一定的前置条件为前提。而基于资金融通的信用视角，由于我国资本市场体系不健全与非金融机构间资金融通渠道闭塞，市场信用仍处于发展初期,商业信用更为滞后,导致了以当前银行信用为核心的信用体系格局。该格局存有信息不对称等局限,使得基本金融服务不完善、小微企业融资不畅等问题,最终导致普惠金融难以实现资金供求的有效配置。

(三)成本与收益的不对称

普惠金融的长久发展,需建立在可持续的成本收益的基础上,若普惠金融服务本身无法保障成本收益的对等,金融机构则难以获得利润,从而需要政策支持或财政补偿以解决普惠金融亏本问题。从国外普惠金融发展经验来看,部分普惠金融服务是存在盈利空间的,而我国金融机构缺乏积极性,主要是由于普惠金融的收益性还相对较差,行业整体上仍存有成本收益的不对称问题,普惠金融收益是社会化的,但服务成本却仅由金融机构负担。该成本与收益的不对称问题抑制了普惠金融的可持续推广。此外,高成本和低收益的冲突着重体现在金融基础设施的构建上,由于金融设备、办公租赁、线路租赁、折旧消耗等成本极大,而农村地区因设备利用率低、财政扶持政策欠缺、习惯使用存折等问题仍难以解决,均约束了农村地区金融设备的完善及推广使用。

(四)金融资源配置的低效率

从推广普惠金融的目标与现实需要来看,金融要素资源应优先向农业农村、低收入群体、初创企业与小微企业倾斜,而当前我国金融要素配置却以逐利为主,反而是将农村资金聚集后投向城市二、三产业及中高收入群体,形成了低效率的信贷资源配置格局。而改变当前信贷资源配置低效的局面,将资金资源逐步向普惠金融领域配置,这是政府深化普惠金融改革的重要课题。一方面,由于弱势群体风险大,低收益难以弥补风险成本,在缺少风险分散体系下,普惠金融的资金安全无法保障。另一方面,政府对于普惠金融服务群体的配套财政政策难以落实,并且有关扶持政策对弱势群体的财政金融配套支持措施在地方很难落实,由于相关扶持政策的要求较高,导致金融机构的参与积极性低。

四、我国普惠金融的深化改革路径研究

(一)发挥政府引导与支持作用

在普惠金融推进过程中,仍需发挥政府的作用,适当给予方向性指导与政策性支持。首先,应设立工作领导小组,负责相关政策的合理制定与高效落实。

普惠金融领导小组的成立，能够加强推进过程中各部门的协作配合，既规避区域性或暂时性的政策真空，也能规避单个部门政策制定的局限性导致的“挤出效应”。其次，应依托财政部门构建金融担保与补偿机制。一方面，不断健全并落实财政贴息措施，针对普惠类小额信贷实施定向贴息，并逐步增大贴息额度和范围，解决农民融资成本问题。另一方面，应针对农村融资缺少抵押品、担保物等不足，应设立服务农民贷款的担保基金与专项补偿基金，给实施普惠金融的金融机构一定的财政补偿。最后，给予推进普惠金融的金融机构一定的税收优惠。如减免小额信贷企业的营业税和增值税，对符合“支农支小”指标条件的村镇银行实行免税。此外，还应逐步放宽普惠金融机构的准入审批，进一步扩大普惠金融的服务覆盖面。

（二）依托互联网驱动金融供给创新

依据互联网思维与技术的特点，去推动普惠金融发展是其突破与改革的关键所在，互联网应用与渗透性能够给传统金融带来颠覆性改变，也为普惠金融的发展带来更多金融创新。以云计算与大数据为例，能够有效提升客户体验满意度，利用交易数据进行征信体系构建，从而更好地提供小额信贷服务，等等。普惠金融的深化改革尤其需要依托于大数据的技术支撑，基于大数据的三大优势进行改革升级：其一，应利用大数据及相关技术对客户进行综合评价，提高对客户评估的准确率与效率，从而实现用户价值的再挖掘、再创造。而且，大数据评估将覆盖传统金融难以服务的群体，将范围扩大到包含学生、农民、个体户等群体，最终完成普惠金融覆盖率的大幅提升。其二，大数据能够拓展客户及其信息的利用。基于数据信息的分析技术，深度挖掘目标客户群，区分潜在客户群及其金融需求，结合普惠金融的场景化服务，为目标客户群设计更具针对性的金融产品，并对优质金融资源进行大数据筛选，实现普惠金融产品的精准营销与特色服务。其三，基于大数据技术提升风控水平，推动客户信息、行业信息与金融信息三者结合，解决金融供求双方的信息不对称，在保证风险收益对称的基础上尽力满足客户的信贷需求，提高普惠金融的风险定价、评估、识别与控制的能力。

（三）利用商业化运作以对称风险收益

为处理政策性与商业性的矛盾问题，政府应通过商业化运作处理普惠金融的成本收益不对称问题。首先政府应制定扶持与引导重点。比如在货币政策层面,仍采用定向降准、降息政策,除重点支持涉农企业与小微企业外,也可将范围扩大至支持首套房贷款的信贷。此外,还应通过公开的市场操作,利用如定向央票、再贷款等方式,对支持普惠金融的金融机构给予一定的补偿优惠。而财政政策也可通过税收优惠、定向补贴等措施,其操作空间更大。其次,应着力于削减普惠金融成本。积极推动互联网金融与手机银行等创新金融发展,这既是普惠金融的创新延伸,也是传统金融业的必然发展趋势。最后,还应大力降低风险,提高风险把控水平。应借鉴学习国外社区银行与乡村银行的经验,建立类单位小组式的联保制度,通过联合各方以减少风险,提高风控水平,并逐步构建多层次的风险防范机制。

(四)营造协作共生的金融生态圈

我国普惠金融的进一步推进,需各类金融机构及组织充分发挥自身优势,准确进行市场定位,构建各金融机构分工合作、竞争互补、相互促进的金融生态圈。一方面,应充分发挥各种金融组织的主体影响。积极鼓励大银行设立中小企业专营机构,鼓励商业性银行加大对小微企业、涉农企业及科技创新企业的金融服务,并发挥农业发展银行的政策性效用,增大对农村基础设施建设、农业机械化等方面的金融扶持力度,着重将金融服务覆盖到中西部、农业及小微企业集中区。另一方面,应充分发挥创新金融机构的补充效应。创新金融机构兼具创新性与灵活性优势,能够为传统金融机制难以覆盖到的特殊群体提供金融服务,拓展出新型信贷渠道,因而具有推进普惠金融的补充作用。在确保风险可控的前提下,应鼓励各类金融机构与组织,尤其是传统金融机构,加快金融产品与服务创新,积极改进理念与商业模式,基于互联网应用扩大普惠金融服务范围,将存贷款、清结算、信用中介平台等服务覆盖到更多地区。

(五)构建多层次金融供给机制

应依据弱势群体、特殊领域的金融需求变动趋势,及时调整宏观经济的管理措施,引导信贷资源逐步转向普惠金融。其一,进一步健全信贷政策体系。充分利用差异化存款准备金等措施,引导金融机构将更多的金融资源转移到中小企业及农业经济中,不断增强对支持农业与小微企业的再贷款、再贴现的扶持力度,扩大对该领域信贷资源的投放。其二,完善金融监管差别化激励体系。

从业务与机构两层面采用差别化激励机制，鼓励传统金融机构增加对中小企业、“三农”、特殊群体等领域的信贷投放，加快中小企业专营机构与网点的构建，协助进行专项金融债的发行工作，有效执行有关提高普惠金融不良容忍度的监管要求。其三，充分利用财税政策工具。基于公共财政的职能作用，合理运用推进普惠金融的专项资金，在保基本、突重点、可持续的原则基础上，对支持普惠金融的机构与组织提供适当鼓励，利用财政资金的杠杆效应，引导各地政府与各类金融机构主动推进普惠金融发展，更好地提升普惠金融服务的适用性与可得性。其四，完善地方配套扶持机制。加强各地政府与政策措施的有效配合，构建推进普惠金融的支撑合力；利用各地财政的贴息、补贴等政策工具，促进金融机构对科技创新企业、中小企业、“三农”等领域的信贷扶持，同时兼顾地方金融风险监管，严控系统性与区域性金融风险。

（六）持续深化跨业跨界协同

金融业与各类型行业的跨业跨界协同，不仅能提升普惠金融的效果，还能实现普惠金融的可持续发展。而跨业跨界协同仍在持续深入，与金融业跨界协同的形式、渠道、类型均将不断创新变化，因而可说是种真正意义上的金融创新，尤其以下三种方式对于普惠金融而言，具有更为显著的推动作用：一是“银行＋保险”。目前我国农业保险与银信贷的结合度较低，这不仅存在对农业保险的认知问题，还在农业保险本身的服务质量、覆盖面问题，而两者跨界协同是必然的发展趋势，能够推动银行信贷资源投向农业经济。二是“合作社/互助基金＋银行”。基于专业的合作社与互助基金，为金融机构的信贷给予适当增信效用，更有利于推动金融资源转移到农民群体。三是“龙头企业＋银行”。现阶段供应链金融正处于快速成长期，银行机构与电商平台均开始涉足供应链金融。应基于价值链金融同供应链金融的重合与差异，将龙头企业作为价值链金融的核心，为其上下游客户提供增信与信贷的支持。

五、结论与建议

在“十三五”规划的开启之年，推进普惠金融发展是助力供给侧改革的重要渠道，而供给侧改革也为前者深化改革带来契机。基于对供给侧改革下发展机遇的分析，普惠金融深化改革需发挥政府的引导与支持作用、依托互联网驱动金融创新、构建多层次金融供给机制、利用市场化运作以对称风险收益、营造协作共生的金融生态圈、持续深化跨业跨界协同。

此外，大力推进普惠金融是供给侧改革中补短板、降成本的重要渠道，而推进普惠金融深化改革的重点与难点就在于解决重点领域、薄弱环节以及特殊群体的金融服务问题，尤其是要进一步推动信贷资源向“三农”、小微企业、贫困地区、特殊人群等重点领域倾斜。并且在互联网时代下，应主动运用互联网技术推动金融创新并防控金融风险，不断提升金融的包容性和普惠性，让金融业供给侧改革的成果惠及全国民众，更好地推动我国经济的健康、可持续发展。

参考文献

[1] 贾康，苏京春.“三驾马车”认知框架需对接供给侧的结构性动力机制构建——关于宏观经济学的深化探讨[J]. 全球化，2015(3)：63－69.

[2] 邵宇.供给侧改革——新常态下的中国经济增长[J].新金融，2015(12)：7－13.

[3] 郭田勇，丁潇. 普惠金融的国际比较研究——基于银行服务的视角[J]. 国际金融研究，2015(2)：55－64.

[4] 潘功胜.关于构建普惠金融体系的几点思考[J].上海金融，2015(4)：21－25.

[5] 朱民武，曾力，何淑兰. 普惠金融发展的路径思考——基于金融伦理与互联网金融视角[J]. 现代经济探讨，2015(1)：68－72.

[6] 何德旭，苗文龙. 金融排斥、金融包容与中国普惠金融制度的构建[J]. 财贸经济，2015(3)：5—16.

[7] 陆岷峰，杨亮. 关于P2P平台风险评估与监管策略研究——基于P2P平台双重属性视角的分析[J]. 西南金融，2015(11)：30－36.

Research on the Deepening Reform Path of Inclusive Finance in China Under the Reform of Supply Side

Lu Min-feng, Yang Liang

Abstract: Since the implementation of inclusive finance in 2006, The coverage rate, satisfaction and availability of financial services in our country are being effectively improved.The positive effect of economic growth is also proved by practice.But in the new economic normal while economic growth rate decreased, many problems and challenges of Inclusive Finance gradually highlighted, and inclusive financial development has entered a bottleneck period.In 2015, the State Council issued the 〈promotion of inclusive financial development plan (2016—2020), clear requirements to accelerate the development of inclusive finance, increase financial support for small and micro enterprises, agriculture related industries, social vulnerable groups etc.Under the double background of "13th Five-Year planning" and supply side reforms, China's economy will pay more attention to total factor productivity. Through the optimization of labor, land, capital and innovation to improve resource allocation efficiency and the economic growth quality, corresponding to the opportunities for development of inclusive finance.Therefore, it is urgent to basing on analyzing the new economic normal transformation deeply. Accurately grasp the supply side of the reform of the era opportunity. Inclusive financial deepening reform need the government's guidance and support, relying on the Internet driven financial innovation, constructing multi-level financial supply mechanism, using the market operation in order to symmetrical risk income, constructing the financial ecological circle of cooperation, and continue to deepen cross-border collaboration across the industry.

Key Words: The Reform of Supply Side; Inclusive Finance; Deepen the Reform; Credit Resources

信贷扩张与商业银行风险承担
——基于后危机时期中国银行业的实证研究（2010—2014）

刘　伟[1]　朱新颜[2]

摘　要：本文使用自行计算的理论预期违约概率作为商业银行风险承担的测度指标，通过构建面板数据模型，研究了后危机时期央行宽松货币政策所引发的社会层面的信贷扩张与商业银行风险承担之间的关系。实证结果显示，银行风险承担与信贷扩张之间存在着显著的正向关联，而稳健性检验也支持了这一结论。这表明，央行为应对危机而采取的宽松货币政策，提高而不是降低了商业银行的风险承担。

关键词：后危机时期；银行风险承担；信贷扩张；预期违约概率

一、引言

2007—2008年全球金融危机爆发后，时任政府为应对危机推出了规模庞大的经济刺激计划。然而，在这些宽松政策的刺激之下，我国经济并未如预期回到快速健康发展的轨道，反而在信贷扩张之下社会债务规模迅速膨胀，一些行业中产能过剩的问题更加突出，经济结构更为扭曲。而支撑信贷扩张的商业

---

① 刘伟（1980—），中国海洋大学经济学院博士研究生，青岛农业大学经济与管理学院讲师，研究方向为资本市场与金融风险。

② 朱新颜（1977—），女，硕士，青岛农业大学经济与管理学院讲师，研究方向为产业经济与农产品贸易。

银行在此背景下也承担了更大的风险。因此，一个值得深入探究的问题是，危机之后由央行推出的宽松货币政策所引发的社会层面上的信贷扩张与商业银行风险承担之间是否存在着关联？

目前学术界主要从利率角度对央行宽松货币政策立场与商业银行风险承担之间的关系加以研究，进而对所谓“风险承担渠道”假说进行验证。本文另辟蹊径，对作为央行宽松货币政策立场更为直接之表现的信贷扩张与银行风险承担之间的关系加以研究，这对完善货币政策调控与维系金融稳定有着重要意义。

二、文献综述

作为承载货币政策制定与执行的中央银行，其之所以诞生，是为了维系经济与金融的稳定。在其漫长的发展历程之中，也确实给人们造成能够维系经济与金融稳定的印象，人们也对中央银行的这一能力坚信无疑。然而，发端于2007年的席卷全球的金融危机却引来了包括政界与学界在内的对美联储所采取的宽松货币政策的口诛笔伐，“动摇了危机发生前看似舒适的中央银行世界的根基”(Borio，2011)。

由此，学者们开始重视金融中介机构在影响央行货币政策传导与实体经济运行方面的作用，并将利率政策、经济稳定和商业周期波动联系在一起，称之为“风险承担渠道”(Risk-taking Channel)(Borio & Zhu，2008)。根据这一理论，低利率主要通过“逐利”机制(Rajan，2005)、估值机制(Borio & Zhu，2008；Adrian & Shin，2009)和“保险效应”(Gambacorta，2009)发挥作用。

目前“风险承担渠道”假说在国内也愈来愈引起学者的重视，也有一些学者展开了对风险承担渠道的讨论，不过，相关研究文献仍不多。张雪兰、何德旭(2012)的研究显示货币政策立场显著影响着银行的风险承担，且受市场结构及商业银行资产负债表特征的影响。江曙霞、陈玉蝉(2012)则发现我国货币政策对银行风险承担的影响取决于银行资本状况。牛晓健、裘翔(2014)验证了低利率的政策环境会催生商业银行的风险承担行为。针对风险承担渠道的具体传导机制，徐明东、陈学彬(2012)用Z值作为银行风险的代理变量，验证了估值效应、逐利动机和竞争效应三种子机制。

虽然“风险承担渠道”理论对于宽松货币政策，尤其是低利率政策，在提高商业银行风险承担的机制方面做出了说明，但在造成低利率，同时也是反映中央银行宽松货币政策立场的信贷扩张这一因素的研究上，却未引起学界的足够重视。本文将反映宏观信贷扩张的变量纳入影响商业银行风险承担的因素考量，对宏观信贷扩张与商业银行的风险承担之间的关系加以分析。除此之外，其他影响商业银行风险承担的因素如下所述。

（一）宏观经济状况

来自不同国家的经验证据表明，宽松货币政策立场与商业银行风险承担之间正相关。López et al.(2011)对哥伦比亚银行业的实证分析结果表明，货币政策对提高商业银行风险承担的效果受宏观经济因素的影响，表现为更快的GDP增长速度常常与更高的新增贷款风险率相关。Gambacorta(2009)的研究发现，宽松的经济环境会提高商业银行风险承担，并导致银行体系更趋脆弱。

（二）银行业市场结构

虽然学者们在银行业市场结构与商业银行风险承担之间存在何种具体的关系方面存在分歧，但他们通常认为两者存在某种关联。一些学者，如Dell'ariccia & Marquez(2006)、Maddaloni & Peydró(2011)，他们认为，银行业间竞争激烈程度的增加会使得银行为获取更高利润而被迫放松信贷标准，进而推升信贷风险。而另外一些学者则持有相反的观点，他们认为银行业市场竞争程度越高，商业银行风险承担则越低。如Berger et al.(2009)的研究发现，占有较大市场份额的银行的风险承担相对更低。Michalak(2011)应用Lerner指数衡量1997—2008年间欧洲银行业的竞争程度，实证结果发现银行业市场竞争越充分，金融脆弱性越低。

（三）银行特征变量

货币政策和风险承担之间的关系还会受到商业银行资产负债表特征的影响，而这一特征涵盖了商业银行提供贷款的能力与意愿(Ehrmann et al., 2003)。

(1) 资本水平。通常认为，商业银行自有资本水平越高，其信贷投放就愈加谨慎，因而风险承担更低。其原因在于，倘若出现信贷风险，银行资本损失也就愈大，从而减弱道德风险问题，此即所谓"共同投资、共担风险"(skin in the game)效应。而且，银行较高的特许权价值也会让银行在面临信贷风险时会面临更大的损失，因而起到类似的"风险共担"的效果。相反，自有资本水平或特许权价值较低的银行则更可能具有承担风险的动力，并愿意承担更高的信贷风险。

(2) 流动性。有实证研究表明，具有更高流动性的商业银行，其风险承担更低。也就是说，流动性比率的高低对银行风险承担有着重要的影响。毕竟，银行流动性的急速下降是金融危机的特点之一(De Necolò et al., 2010)。通过对美国银行业的实证研究，Mussa(2010)发现在相同情形下，流动性越强的商业银行，其风险承担水平更低。

(3) 资产规模。资本规模不同的银行，在信贷风险管理能力、信贷策略选择以及受政府"太大而不能倒"(too big to fail)隐性保险程度等方面会有所不同，因此其风险承担水平对央行货币政策立场变化的反应常常存在差异。Haldane(2009)研究发现，大的商业银行因为具有更强的资金实力和风险管理能力，在风险损失发生时有更多的渠道转嫁风险，因而具有更高的风险容忍度，更倾向于积极承担风险。但另外一些学者则得出了不同结论。López et al.(2011)的研究表明，大型商业银行的风险承担水平更低，既然其能够以更低的利率获得资金，且拥有更加多元化的融资渠道。

三、模型构建与实证分析

(一) 模型构建与变量选择

(1) 模型构建。基于以上文献综述，本文构建实证分析使用的模型如下：

$$risk_{it}=\beta_1 rm2_{it}+\beta_2 rcredit_{it}+\beta_3 size_{it}+\beta_4 cap_{it}+\beta_5 liq_{it}+\beta_6 mc_{it}+\beta_7 i_{it}+\beta_8 rgdp_{it}+u_i+\varepsilon_{it} \quad (1)$$

式(1)中，*risk* 为商业银行风险承担的测度指标；*rm*2 为货币增长率，用以衡量一国整体的信贷扩张程度；*rcredit*、*size*、*cap*、*liq* 为代表商业银行自身特征的变量，其中 *rcredit* 衡量单个银行的信贷增长，*size* 为银行规模，*cap* 代表的是银行资本充足状况，*liq* 是反映银行流动性的指标；*mc* 为银行业市场结构的测度指标，反映了商业银行间的竞争程度；*i* 和 *rgdp* 分别为一年期定期存款利率和不变价 GDP 的对数增长率，其与 *rm*2 共同刻画宏观经济因素对商业银行风险承担所施加的影响。

（2）变量选择。理论上，预期违约概率（edf）是目前衡量银行风险承担的首选指标（Altunbas et al.，2011）。本文运用 KMV 模型，利用上市商业银行的股票价格数据以及公开财务数据，计算理论预期违约概率作为 *edf* 的替代。在计算理论预期违约概率过程中，鉴于我国全部上市商业银行中有半数以上存在两地上市的情况（A＋H），故采用"合成波动率"的计算方法，以反映商业银行 H 股股价变动对公司资产价值变动所具有的影响。

从已有相关文献来看，由于 *edf* 在计算上较为烦琐，故学者更多地选择资产回报率的波动率、资本回报率的波动率、贷款损失准备与贷款总额之比、不良贷款与贷款总额之比、Z 值等作为商业银行风险测度的指标。而从我国商业银行发展沿革来看，长期以来主要以贷款业务为主，因而信贷风险是银行主要关注的风险，而不良贷款又是造成银行信贷业务损失的来源。但贷款五级分类操作空间较大，且降低不良贷款率是监管部门的一贯要求，这使得商业银行对不良率的重视甚至超过利润表现，因而，贷款损失准备占贷款总额之比更能反映银行的风险承担意愿（张雪兰等，2012）。因此，本文选取商业银行贷款减值准备与加权风险资产净额之比作为辅助稳健性考察指标。

对于整体信贷扩张程度的衡量，本文采用 *M*2 增长率作为测度指标。因为中央银行主导下的信贷扩张，最终也会体现在货币供给量的增长上。其他影响银行风险承担的宏观因素，由以不变价 GDP 所计算的对数年增长率、一年期定期存款利率来加以控制。之所以选择一年期定期存款利率，原因是对商业银行而言，存款利率水平体现了商业银行最为重要的成本来源，其高低直接影响了银行的风险承担。对于银行业市场结构的衡量，目前较为成熟的方法有 H 值、P－R 法、勒纳指数等。考虑到我国长期以来由中、农、工、建、交五大银行占据市场主导地位的现实，本文采用 CR5 作为衡量银行业市场竞争程度的指标，其计算公式为前 5 名银行资产额之和除以 16 家上市银行总资产额。对于银行特征变量，则选取银行资本水平、银行规模和流动性三项指标。其中，以资本资产比来衡量银行资本水平，其计算公式为银行所有者权益与资产总额之比；银行规模以总资产取自然对数加以衡量；对于流动性，采用银行经营活动产生的现金流量净额与总资产之比，衡量短期资金所有者突然挤提存款获得满足的概率。

（二）数据来源与说明

（1）样本期的选择。本文的研究采用面板数据模型进行实证分析，面板数据为样本期2010—2014年的年度数据。样本期的选择基于两个原因：首先，从研究目的而言，在2007—2008年席卷全球的金融危机爆发以后，各国纷纷推出了强力的救市政策，我国也不例外。这些救市政策的一个重要后果就是全球范围内的信贷的大幅扩张。以我国为例，2009年我国货币供应量 $M2$ 增长率从2008年的17.8%跳升至27.7%，出现了异常增长的状况。本文的一个研究重点在于在央行实施宽松货币政策致使信贷扩张以后，其与商业银行风险承担之间的关联。而2009年之后的5年的数据积累为我们研究后危机时代上述两者之间的关系提供了数据基础。其次，从数据可得性与一致性而言。在此样本期，模型需要的数据可以较为完整地获得，对于计算商业银行理论预期违约概率 *edf* 所需要的股票数据尤其如此。除上市较晚的中国农业银行和光大银行2010年与2011年edf数据由于股票价格数据积累不足无法计算外，其余各商业银行均有足够的股票价格数据积累，从而使得我们能够利用股票市场价格信息，采用更具前瞻性的预期违约概率作为银行风险承担的测度指标，而且由于研究中使用了全部16家上市银行作为研究样本，样本更全面，因而得出的结论会更加可信。同时，对于其他所需上市商业银行的个体数据，由于样本期选在2007年我国新会计准则实施之后，因而相关数据也更为可靠，且具有更高的一致性。

（2）样本数据说明。样本银行包括：中国工商银行、中国农业银行、中国银行、中国建设银行、交通银行、招商银行、中信银行、华夏银行、民生银行、光大银行、平安银行、上海浦东发展银行、兴业银行、南京银行、宁波银行、北京银行。数据来源于通达信、新浪财经、同花顺 iFinD 与《中国金融年鉴》。代表商业银行风险承担的变量理论预期违约概率 *edf* 来自于作者运用 KMV 模型的计算结果，变量 *cap*、*liq*、*mc*、*size*、*i*、*rgdp* 为利用原始数据依照前述变量选择中的公式进行计算，其中，对于利率变量 *i*，由于在一年之中央行可能会存在多次利率调整，在此种情形下，取利率调整前与利率调整后利率的简单算术平均值作为年度利率水平的近似值。而作为商业银行风险承担的替代变量贷款减值准备与加权风险资产净额之比，以及变量 *rm*2、*rcredit* 来源于同花顺 iFinD。

（三）模型所涉变量的描述性统计

（1）模型所涉变量的基本统计量。模型中各变量的基本统计量如表 1 所示。

表 1　模型变量的基本统计量

变量	变量定义	均值	标准差	最小值	最大值
edf	预期违约概率＊100	3.375	3.705	0.019 0	15.70
*rm*2	货币供应量增长率＊100	14.47	2.569	12.20	19.70
rgdp	不变 GDP 增长率＊100	8.154	1.139	7.139	10.07
i	利率＊100	2.957	0.254	2.500	3.250
mc	cr5＊100	73.43	2.108	70.77	76.79
cap	（资本/资产）＊100	6.136	0.821	3.412	8.565
size	资产规模的自然对数	10.27	1.190	7.703	12.24
liq	（现金流量/资产）＊100	3.805	4.971	−9.299	20.96
rcredit	信贷增长率＊100	15.33	4.655	4.941	42.10
cover	（贷款减值准备/加权风险资产净额）＊100	1.878	0.548	1.065	3.880

（2）因变量在样本期内的变动趋势。商业银行风险承担的测度指标理论预期违约概率 *edf* 在样本期内的变动趋势分别如图 1 所示。

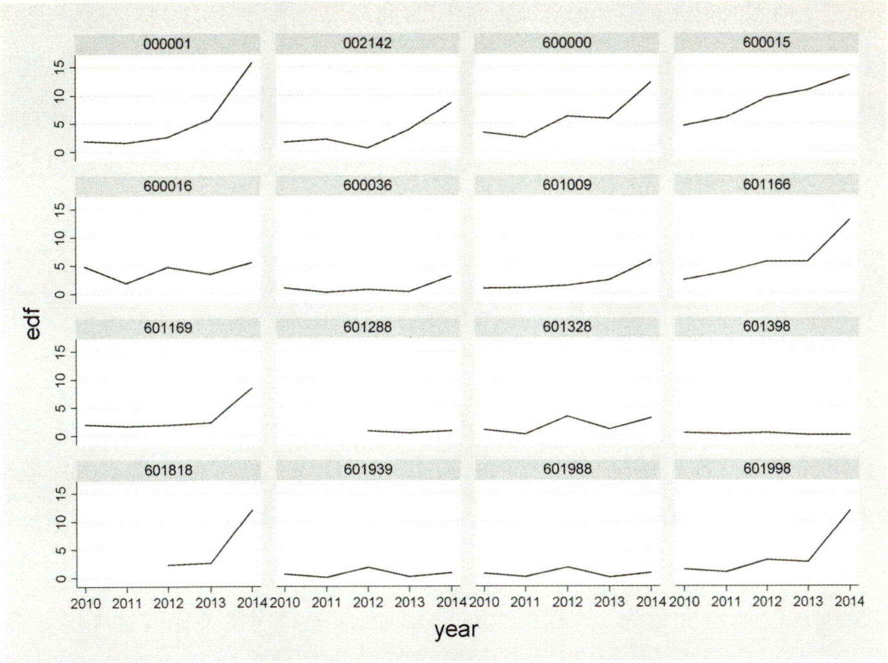

图 1　16 家银行 *edf* 趋势图

（四）模型估计与实证结果分析

模型估计方法的检验结果如表 2 所示。

表 2　模型估计方法相关检验结果

检验	原假设	统计量	*p* 值	结论
F 检验	应用混合 OLS	4.31	0.000	拒绝原假设，应采用 FE
LM 检验	应用混合 OLS	2.41	0.060	拒绝原假设，应采用 RE
Hausman 检验	个体异质性与解释变量不相关	22.48	0.000	拒绝原假设，应采用 FE
过度识别检验	个体异质性与解释变量不相关	108.93	0.000	拒绝原假设，应采用 FE

在LM检验中，p值为0.06，故在10%的显著性水平上，LM检验拒绝“不存在个体随机效应”的原假设，即认为在“随机效应”与“混合OLS”二者之间，应当选择“随机效应”。不过，在5%的显著性水平上，则不能拒绝原假设，此时使用混合OLS则是可取的。为进一步验证LM检验的结论，我们对随机效应模型使用MLE估计，发现LR检验统计量为3.68，p值为0.028，因而在5%的显著性水平上，拒绝不存在个体效应的原假设，即认为存在个体随机效应，不应采用混合OLS回归。而在Hausman检验与过度识别检验中，均拒绝采用RE，故对模型的最佳估计方法应为固定效应模型。

应用固定效应模型对式(1)的估计结果如表3所示。其中，FE代表普通标准误下固定效应模型的估计结果，而FE_robust代表在稳健标准误下固定效应模型的估计结果。鉴于模型中可能存在的异方差和序列相关，使用聚类稳健标准误进行统计推断相对更加可靠。此外，考虑到本文对基本模型估计时使用的样本容量不大，截面数为16，而观测数为76，因而在使用聚类稳健标准误时，可能存在不够精确的问题(陈强，2015)，为和聚类稳健标准误下的推断结果相验证，本文进一步采用自助法(Bootstrap)估计模型系数的标准误并进行统计推断。具体而言，针对本文中使用的样本n大T小短面板的特点，采用成对自助法对个体i进行再抽样，即“分块自助法”(block bootstrap)。同时，根据Cameron and Trivedi(2010)的建议，针对5%的显著性水平，自助样本的个数取400。应用自助法对基本模型进行固定效应模型回归的结果如表3。然而，由于我国上市商业银行受共同宏观经济走势及经济政策的影响，有可能还存在截面相关的情况。按照连玉君(2012)的建议，当异方差、序列相关以及截面相关性质未知时，可以采用Driscoll-Kraay标准误，即“异方差—序列相关—截面相关”稳健型标准误进行统计推断。因此，本文也计算了Driscoll-Kraay标准误下固定效应模型的系数及其标准误。

表 3　不同标准误下的固定效应模型回归结果

因变量＝*edf*	(1) FE (普通标准误)	(2) FE_robust (聚类稳健标准误)	(3) FE_Bootstrap (自助标准误)	(4) FE_DK (Driscoll-Kraay 标准误)
rcredit	−0.116	−0.116**	−0.116	−0.116*
	(0.0770)	(0.0420)	(0.0827)	(0.0458)
rgdp	58.19***	58.19***	58.19***	58.19***
	(13.75)	(11.34)	(10.90)	(4.479)
i	122.5***	122.5***	122.5***	122.5***
	(30.06)	(23.08)	(22.35)	(10.04)
*rm*2	14.86***	14.86***	14.86***	14.86***
	(3.563)	(2.757)	(2.679)	(1.204)
mc	−38.51***	−38.51***	−38.51***	−38.51***
	(9.190)	(7.651)	(7.316)	(2.490)
cap	0.587	0.587	0.587	0.587
	(0.541)	(0.397)	(0.572)	(0.286)
size	13.55***	13.55***	13.55***	13.55*
	(3.667)	(1.712)	(2.884)	(4.993)
liq	−0.120*	−0.120 *	−0.120	−0.120**
	(0.0623)	(0.0603)	(0.0775)	(0.0377)
Constant	1,639***	1,639***	1,639***	1,639***
	(419.0)	(364.7)	(346.7)	(51.23)
观察数	76	76	76	76
R-squared	0.657	0.657	0.657	
截面数	16	16	16	16

注:①括号中为标准误;

②***、**和*分别表示在 0.01、0.05 和 0.1 的显著性水平显著。

从对模型的回归结果看,无论采用何种标准误,变量 *rgdp*、*i*、*rm*2、*mc* 也都是高度显著的(它们均在 1%显著性水平显著),如表 3。其中,我们最感兴趣的反映宏观信贷扩张的变量 *rm*2 系数显著为正($\beta=14.86$),聚类稳健标准误、自助标准误、Driscoll-Kraay 标准误分别为 2.757、2.679 和 1.204,它们都是在 1%的显著性水平显著。这表明,央行为应对金融危机而推出的宽松货币政策在后危机时期所带来社会层面上的信贷扩张,并未降低商业银行的风险承担,相反显著地增加了银行的风险承担。也就是说,央行意在降低金融风险的救市举措,实际上增加了银行风险。这一结论也与"风险承担渠道"假说中宽松货币政策会提高商业银行风险承担的结论相一致。同时其也与 Altunbas et al.(2011)、张雪兰等(2012)、牛晓健等(2013)的发现相吻合。

宏观控制变量中,*i* 的系数显著为正($\beta=122.5$),这与预期相一致。由于存款利率水平是商业银行最为重要的成本,利率水平上升,商业银行的融资成本增加,在其他情形不变的条件下,增加了现有贷款的风险。*rgdp* 的系数也显著为正($\beta=58.19$),这多少让人感到意外。一般而言,经济增长一方面可以从根本上强健实体企业的资产负债表,增强其还款能力;另一方面由于政府刺激信贷的扩张而提高商业银行的利润水平和规模,两者都能够降低银行的整体风险水平(牛晓健等,2013)。然而,这一分析仅在由 GDP 增长率反映的是真实的没有水分的经济增长的前提下才成立。而在后危机时期,央行通过宽松货币政策的刺激所带来的表面上的 GDP 的增加,并不能真实地刻画实体经济的真情实况。换言之,表面上的 GDP 的增长并不代表实体经济的稳健,因而,从模型的结果看,变量 *rgdp* 的增加带来商业银行风险承担的增加,其实更在情理之中。

市场结构变量 *mc* 的系数也显著为负,$\beta=-38.51$(聚类稳健标准误、自助标准误、Driscoll-Kraay 标准误分别为 7.651、7.316 和 2.490),显示市场结构与银行风险承担负相关。这一研究结论与 Michalak(2011)、Cihak et al.(2009)、Jiménez et al.(2010)、张雪兰等(2012)的实证研究结论相同。也即是说,银行业竞争越激烈,会使得银行风险承担增加。

商业银行风险承担也受银行资产负债表特征的影响,而银行的资产负债表特征可用以概括银行提供更多贷款的能力与意愿。从实证研究结果来看:①反映商业银行个体信贷增长的变量 *rcredit* 系数为负($\beta=-0.116$),具有预期的符号,在聚类稳健标准误下,在 5%的显著性水平上显著;而在 Driscoll-Kraay

标准误下，在10%的显著性水平上显著。不过，若采用自助标准误，则该系数在10%的显著性水平上将不再显著。而且，从系数大小上来说，也不具有经济显著性。因而，虽然有一定的证据表明单个银行增加信贷可以降低银行的风险承担，但证据并非十分强烈，且对降低银行风险承担的实际效果而言也十分有限。②银行规模 *size* 变量系数为正（$\beta=13.55$），在聚类稳健标准误和自助标准误下，在1%的显著性水平上显著，而在 Driscoll-Kraay 标准误下，在10%的显著性水平上显著。这一结果表明我国银行业也存在"太大而不能倒"（Too Big to Fail）现象，银行总资产规模愈大，由于政府救助的隐性担保，鼓励银行承担更多的风险。另一种可能是，在应对危机的过程中，大的银行更多受政府的窗口指导而被迫承担更大的风险。这一研究结论与 Jiménez et al.（2009）、López et al.（2011）、Altunbas et al.（2011）、张雪兰等（2012）的研究结论相反。也与牛晓健等（2013）研究结论有所不同。牛晓健等（2013）在研究中发现，银行资产规模与银行的风险承担水平没有关系。③反映银行流动性水平的变量 *liq* 系数为负（$\beta=-0.120$），在聚类稳健标准误下，在10%的显著性水平上显著；在 Driscoll-Kraay 标准误下，在5%的显著性水平上显著。不过，在自助标准误下，在10%的显著性水平上变得不再显著。虽然 *liq* 具有预期的符号，即银行资产具有更高的流动性会伴随更低的风险承担，但系数较小，与 *rcredit* 一样，即使具有一定的统计显著性，也不具有经济显著性。④反映银行资本水平的变量 *cap* 在不同标准误下都不是统计显著的，因而，本文的研究没有发现银行资本水平与风险承担之间存在关联。这与张雪兰等（2012）的研究结论不同。张雪兰等（2012）的研究发现，银行资本水平与风险承担之间存在负相关关系。

四、稳健性检验

本文以银行贷款减值准备与加权风险资产净额之比（cover）作为因变量对上述结论进行稳健性检验。与以 *edf* 作为因变量时相比，稳健性检验在对模型进行估计时使用的样本容量略大。样本截面数仍为16，但观测数变为80。出现这种状况的原因是，在使用 *edf* 作为因变量时，样本中的农业银行和光大银行由于上市时间较晚，股票价格数据积累不足而无法计算它们2010年与2011年的 *cdf* 数据，但在使用 cover 作为 *edf* 的替代变量时，则可以得到这两年的数据，因而，此时样本的观测数多了4次，面板数据也由 *edf* 为因变量时的非平衡面板数据变为平衡面板数据。

根据稳健性检验的模型估计结果，我们最关注的反映宏观信贷扩张的变量 *rm*2 系数仍然显著为正($\beta=1.001$)，且在各种不同标准误下都是统计显著的，从而确认了社会层面的信贷扩张与银行风险承担之间的正相关关系。其他两个宏观经济变量和行业变量也都是统计显著的，而且符号也和 *edf* 为因变量时相同。与以 *edf* 为因变量下模型估计结果的一个不同之处是，反映银行资产负债表特征的变量变得较不显著。

五、主要结论与政策建议

利用2010—2014年我国上市银行业数据所做的实证研究表明，政府尤其是央行所主导的宽松货币政策所引发的社会层面的信贷扩张与商业银行风险承担之间存在着密切的关联。主要的实证研究结论及相关政策建议如下。

首先，央行宽松货币政策立场下，社会层面的信贷扩张与商业银行风险承担之间存在正向关联。这表明我国货币政策立场显著影响商业银行风险承担，因此，货币政策制定中，应将金融稳定纳入其分析框架，并与宏观审慎政策结合起来，以实现金融稳定与物价稳定的双重目标。

其次，由于宽松货币政策刺激所带来的GDP的增长反而使得商业银行承担更大的风险。这与通常的研究结论相反，经济增长并未能够降低商业银行的整体风险水平。其中原因在于，政府应对危机所采取的宽松刺激政策，虽表面上带来了GDP的增长，但却并未能带来经济的实在的增长。因而，为实现经济“没有水分”的增长，并保持金融稳定，应避免过度宽松的刺激政策。李克强总理也在多个场合下强调，不再通过“强刺激”扩大内需，不再靠增发货币以刺激增长。

第三，商业银行风险承担还受银行资产负债表特征的影响。有一定的证据表明，我国银行业中也存在“太大而不能倒”(Too Big to Fail)现象。一方面，政府的隐性救助担保鼓励了银行承担更多的风险；另一方面，为应对危机，政府对大银行的窗口指导使得银行被迫承担更大的风险。对此，应鼓励银行建立起有效的风险防范体制，减少政府对银行业务活动的直接干预，降低由于政府救助所引发的道德风险。

参考文献

[1] Borio C.2011, Central banking post-crisis: What compass for uncharted waters? [R]. BIS Working Papers.

[2] Borio C, Zhu H. 2008. Capital regulation, risk-taking and monetary policy: a missing link in the transmission mechanism? [R]. BIS Working Paper.

[3] Rajan R G. 2005, Has Financial Development Made the World Riskier? [R]. NBER Working Paper.

[4] Adrian T, Shin H S. 2009, Money, Liquidity and Monetary Policy[J]. American Economic Review, Vol. 99, No.2, pp.600 - 605.

[5] Gambacorta L. 2009, Monetary Policy and the Risk-Taking Channel[J]. BIS Quarterly Review.

[6] 张雪兰，何德旭. 货币政策立场与银行风险承担[J]. 经济研究，2012(5)：31 - 44.

[7] 江曙霞，陈玉蝉. 货币政策与影子银行的风险承担[J]. 金融研究，2012(4)：1 - 16.

[8] 牛晓健，裘翔. 利率与银行风险承担——基于中国上市银行的实证研究[J]. 金融研究，2013(4)：15 - 28.

[9] 徐明东，陈学彬. 货币环境、资本充足率与商业银行风险承担[J]. 金融研究，2012 (7)：48 - 62.

[10] López M, Tenjo F, Zárate H. 2011, The risk-taking channel and monetary transmission mechanism in Colombia[J]. Ensayos sobre Política Económica, Vol.29, No.(SPE64), pp. 212 - 234.

[11] Dell' Ariccia G, Marquez R. 2006, Lending booms and lending standards[J]. The Journal of Finance, Vol. 61, No.5, pp. 2511 - 2546.

[12] Maddaloni A, Peydró J L. 2011, Bank risk-taking, securitization, supervision, and low interest rates: Evidence from the Euro-area and the US lending standards[J]. Review of Financial Studies, Vol.24, No.6, pp. 2121 - 2165.

[13] Berger A N, Klapper L F, Turk-Ariss R. 2009, Bank competition and financial stability[J]. Journal of Financial Services Research, Vol.35, No.2, pp.99 - 118.

[14] Michalak T C. 2011, The nexus between monetary policy, banking market structure

and bank risk taking[M].

[15] Ehrmann M, Gambacorta L, Martinez-Pagés J, et al. 2003, The effects of monetary policy in the euro area[J]. Oxford Review of Economic Policy, Vol.19, No.1, pp. 58-72.

[16] De Nicolò G, Dell' Ariccia G, Laeven L, et al. 2010, Monetary policy and bank risk taking[J]. Available at SSRN 1654582.

[17] Mussa A S. 2010, Asymmetric Bank Risk Taking and Monetary Policy[M]. Western Michigan University Working paper.

[18] Haldane A G. 2009, Rethinking the financial network[J]. Speech delivered at the Financial Student Association, Amsterdam, April, pp.1-26.

[19] 陈强. 高级计量经济学及 Stata 应用(第二版)[M]. 北京:高等教育出版社, 2015.

Credit Expansion and Bank Risk-taking: An Empirical Study of China Banking Industry in the Post-crisis Era (2010—2014)

Liu Wei, Zhu Xinyan

Abstract: The paper uses theoretical expected default frequency calculated by authors as an indicator of commercial bank risk-taking, examined the relationship between macro-level credit expansion triggered by the central bank's loose monetary policy in the post-crisis era and commercial bank risk-taking with a panel data model. The empirical results show that bank risk-taking is positively correlated with credit expansion, and these results have been approved by the robustness test. This suggests that loose monetary policy adopted by the central bank to tackle the crisis improves rather than reduces the risk of commercial banks.

Key Words: Post-crisis Era; Bank Risk-taking; Credit Expansion; Expected Default Frequency

企业社会责任对财务绩效的影响：政治关联的作用[①]

彭　屹[②]　刘春济[③]

摘　要：企业社会责任是否会影响财务绩效是学术界长期争论的热点问题，为了拓展相关研究，本文考察了在政治关联的调节作用下二者关系的变化。研究发现，有政治关联的企业会获得更好的财务绩效，企业社会责任对财务绩效有显著的正向影响，但是在政治关联的作用下，企业社会责任对财务绩效的影响则是显著负向的。为此，企业在经营过程中不应该过度依赖政治关联。

关键词：企业社会责任；财务绩效；政治关联

一、引言

企业社会责任（Corporate Social Responsibility，CSR）和财务绩效（Corporate Financial Performance，CFP）之间的关系因结论不一致而受到了研究者的关注（Margolis 等，2003），以至于部分学者将二者之间的关系称之为"黑箱"（刘玉焕等，2014），并试图从变量调节的角度解释该谜题。在以往研究中，学者关注的权变因素多是企业规模（Cui 等，2014）、企业创新能力（Hull 等，

① 国家自然科学基金资助项目（71371126）；教育部人文社会科学青年基金资助项目（14YJCZH093）。

② 彭屹（1992—），硕士研究生，上海师范大学商学院，研究方向为产业经济。

③ 刘春济（1976—），副教授，博士，硕士生导师，上海师范大学商学院，研究方向为产业经济与消费者行为。

2008)、行业增长率(Tang 等,2012)等,但缺乏从制度或者文化层面进行的考察,特别是中国制度背景下独有的情境因素。

事实上,在中国的制度背景下,企业的经营常常受到政府的影响,二者的关系往往难以割裂。尤为重要的是,“关系”这一内容丰富的词汇在中国举足轻重,其背后牵扯到多方利益。受此影响,企业社会责任的执行及其对财务绩效的影响可能会发生变化。为此,需要明确企业通过各种方式和政府建立联系,即政治关联对企业社会责任和财务绩效关系的影响。

同时,从作者掌握的文献看,目前对政治关联与企业社会责任、财务绩效关系的探讨主要表现在三个方面:第一,分析政治关联对 CFP 的影响(Peng 等,2000;Fan 等,2007;吴文锋等,2008;Bortolotti 等,2009);第二,分析政治关联对于企业社会责任的影响(贾明等 2010);第三,同时讨论政治关联对企业社会责任、政治关联对财务绩效的影响(张川等,2014),却鲜有文献考虑社会责任和政治关联的交互作用对财务绩效的影响,但既有研究(张建君,2013)表明,有无政治关联会影响企业履行社会责任的动机,动机差异的不同则会进一步作用于企业的财务绩效。针对上述问题和以往研究的空白点,本文拟以 2012 年到 2014 年的房地产上市公司为例,分析在政治关联调节作用下,企业社会责任对财务绩效影响的关系的变化。

二、文献回顾和研究假设

(一)企业社会责任和财务绩效

在学术界,对企业社会责任与财务绩效两者关系的争论已经持续了近 40 年,部分学者认为前者正向影响后者,部分学者则认为其影响是负向的(刘玉焕等,2014)。McGuire 等人(1988)认为结论不一致的原因可能是由于研究方法或者测量方法的不同,McWilliams 和 Siege(2000)则将该现象归因于研究对象的国别差异,以及模型中信息集的缺漏。但从企业社会责任影响财务绩效的一般机制看,追求社会责任的公司往往会做出示范效应,通过提高声誉来维持企业自身的形象,最终成为企业的竞争优势(石军伟等,2009);同时企业社会责任履行传递出的信号也会影响顾客对企业产品的态度和判断,吸引潜在消费者购买产品(Becker - Olsen 等,2006),从而会影响财务绩效。所以,本文提出

假设:

假设1:企业社会责任会正向影响财务绩效。

但是,在中国情境下,尽管近年来政府提倡“简政放权”,但政府仍然是资源和合法性的关键来源,并对经济保持着较高水平的控制(张建君,2013)。同时,在中国长期以来建立的儒家文化中,“出仕”观念对企业家的影响明显(Li等,2014)。此种背景下,企业往往通过高管参政的方式建立政治关联,以便获取更多的资源,实现更好的财务绩效(Peng等,2000)。在相关影响下,有无政治关联将进一步影响企业的社会责任履行、财务绩效水平及其关系。

(二)政治关联对企业社会责任、财务绩效及其二者关系影响

政治关联会对企业产生两方面的影响,其一是政府扶持企业,其二是政府干预企业。其中,从资源基础理论(Resource dependent theory)的角度看,扶持往往会通过特殊资源或者特异能力赋予达到提升企业超额利润的目的。与此同时,政府也会出于社会和公共目的,通过各种方式影响企业的经营,类似现象在世界上许多国家都普遍存在(Bortolotti等,2009)。对于大多数处于转轨过程的发展中国家而言,其制度相对薄弱、市场化程度不高(Peng等,2000),企业管理者与政府建立的关系更容易对企业的财务绩效产生积极影响(Peng等,1996)。因此,推论认为企业高管通过政治关联可以获得额外的政府资源,融资或借贷容易且成本低(Bai等,2006)。因此,本文提出以下假设:

假设2:有政治关联的企业比没有政治关联的企业具有更高的财务绩效。

在中国背景下,企业CSR的动机有时并非是本身的意愿,而是出于工具性目的,例如企业会利用慈善捐赠来掩盖或转移外界对于自身社会责任缺失的关注(高勇强等,2012),或是利用企业社会责任的履行获取贷款、建立政治联系(李姝等,2014)。事实上,从政府角度来看,增进社会福利是政府的职能所在,而那些具有政治关联的企业更应该首先承担社会责任的义务(张建君,2013)。同时,企业的政治关联来之不易,需要履行更多的经济、道德责任,来维护其企业和个人的声誉,一旦企业产生负面新闻,不仅会损害企业高管原本的政治地位,也会损害企业形象(李姝等,2014)。此外,中国处于经济转型的过程中,不仅政府有时会通过干预企业以便其承担政府在社会福利方面应该履行的义务,在有效产权保护缺乏的情况下,诸多外部利益相关者也会对企业提出额外的诉

求(张建君,2013)。因此,本文提出以下假设:

假设 3:有政治关联的企业比没有政治关联的企业更容易履行企业社会责任。

需要关注的是,在以往研究讨论政治关联、企业社会责任和财务绩效的文献中,大多将财务绩效作为中介变量考虑(张川等,2014),鲜有文献考量政治关联的调节作用。当然,履行社会责任的公司往往具有良好的声誉,对于消费者具有一定示范作用,最终导致财务绩效的提升。但是,在中国情境下企业履行 CSR 更有可能受到政治关联的压力,张建君(2013)则将其归纳为仅仅是作为一种"服从",类似压力或服从行为则可能会改变企业社会责任对财务绩效影响的强度甚至是方向。因此,本文提出以下假设:

假设 4:企业社会责任和财务绩效之间的关系会受到政治关联变量的调节。

三、研究设计

(一)样本选择、变量度量与数据来源

在实证研究方面,本文选择了房地产行业,样本来源为 Wind 数据库中证监会行业分类中的房地产板块,时间跨度为 2012—2014 年。需要说明的是,本文选择房地产业的主要原因有二:其一是,在房地产业中不仅垄断竞争的特征较为突出,在房地产商向政府"拿地"的过程中,政治关联的作用较为凸显;其二是,近些年来公众普遍质疑房地产企业的高利润率及其社会责任的缺失,甚至于前总理温家宝和网友在线交流时也曾表示:"在这里我也想说一点对房地产商的话,我没有调查你们每一个房地产商的利润,但是我认为房地产商作为社会的一个成员,你们应该对社会尽到应有的责任。你们的身上也应该流着道德的血液。"①为此,在政治关联研究中,该类产业不仅具有代表性,其社会责任的承担情况及其后续效应也值得特别关注。

关于政治关联变量的衡量,国内主要是以高管是否为人大代表或者政协委

① 引自新华网. 企业家身上应该流着道德的血液[EB/OL]. http://news.xinhuanet.com/comments/2008-09/25/content_10103108.htm。

员为标准,本文参考 Faccio(2006)、Fan 等(2007)、吴文锋等(2008)的做法,将董事长和总经理其中之一曾经或现在担任过人大代表或者政协委员即认为存在政治关联(PC)。在计量时,该变量为虚拟变量,即董事长/总经理曾经担任或者时任人大代表/政协委员则编码为 1,否则编码为 0。相关数据主要以上市公司年报披露的高管个人简历为依据,同时,作者在搜索引擎中输入"高管姓名+人大代表或政协委员"对相关数据做了进一步的确认,并进行了相应的人工编码。

对于企业社会责任变量的衡量,由于学界对该变量内涵的解读有较大差异,不同学者选择的测度该变量的方法也有较大区别。在国外文献中,常用的方法包括声誉指数法、内容分析法和问卷调查法等(Aupperle 等,1985),但在国内文献中,则多使用每股社会贡献值来测量(沈洪涛等,2011;张川等,2014)。本文采用和讯网上市公司社会责任报告专业评测体系①对该变量进行度量,原因是该指标较为详细地从股东责任、员工责任、供应商、客户和消费者权益责任、环境责任和社会责任五个方面对企业社会责任进行了考察,能较好地反映企业社会责任中利益相关者的各个方面。

对于财务绩效变量,在资本市场往往较为完善且股票全流通的发达国家,多使用托宾 Q 值进行衡量,但在国内股市非流通股比例很大,国有股份交易受限,股价很难反映企业的经营绩效。同时中国股票市场还不成熟,市场交易充满噪音,股价很难客观反映公司经营状况。因此,本文参考王曾等(2014)的做法,主要采用财务指标净资产收益率(Rate of Return on Common Stockholders' Equity,ROE)来反映公司财务绩效,而非股价或欧美国家通行的托宾 Q 值。在计量时,为了消除异常值的影响,本文使用的是 2012—2014 年财务绩效的平均值。

本文初步收集到的样本数为 142 个,但在剔除 ST、*ST 企业、剔除部分数据缺失的企业、剔除出现极端异常值的企业后,最终获得了 130 个有效样本。

(二)模型的设立

为考察企业社会责任对财务绩效的影响以及政治关联的调节作用,本文参

① 引自和讯股票.和讯网上市公司社会责任报告专业评测体系发布[EB/OL].http://stock.hexun.com/2013 09 10/157898839.html。

考李姝等的做法，将企业性质（国企=1，民企=0）、公司规模、财务杠杆和企业成长性等因素作为控制变量，并设定模型如下：

$$CFP=\beta_0+\beta_1 CSR+\beta_2 lnSIZE+\beta_3 LEV+\beta_4 GROWTH+\beta_5 NATURE+\varepsilon \quad (1)$$

$$CFP=\beta_0+\beta_1 PCDUM+\beta_2 CSR+\beta_3 PCDUM\times CSR+\beta_4 LNSIZE+\beta_5 LEV+\beta_6 GROWTH+\beta_7 NATURE+\varepsilon \quad (2)$$

其中，*CFP* 表示企业财务绩效，*CSR* 为企业社会责任变量，*PCDUM* 为政治关联虚拟变量，$PCDUM\times CSR$ 表示政治关联与社会责任的交互项，*NATURE* 表示企业性质，*LNSIZE* 表示为企业规模，*LEV* 表示财务杠杆，*GROWTH* 表示企业成长性。

四、实证结果与分析

（一）描述性统计和相关分析

作者首先对研究中的相关变量进行描述性统计和相关分析，具体结果如表 1 所示。由表 1 可知，政治关联与财务绩效（$r=.227$，$p<0.01$）、企业社会责任（$r=.284$，$p<0.01$）显著正相关；财务绩效与企业社会责任（$r=.621$，$p<0.01$）显著正相关。这些结果为本研究后续对相关变量关系的进一步分析提供了初步证据支持。

表 1　相关变量的均值、标准差和相关系数矩阵

Mean	SD	1	2	3	4	5	6	7	
企业性质	0.470	.500	1.000						
财务杠杆	62.78	17.96	.042	1.000					
企业规模	22.80	1.48	.142	.648**	1.000				
企业成长性	25.92	52.25	−.075	.336**	.275**	1.000			
社会责任	34.57	15.63	.038	.369**	.692**	.200*	1.000		
财务绩效	0.09	0.13	−.062	.329**	.472**	.290**	.621**	1.000	
政治关联	0.56	.50	.085	.181*	.277**	.089	.284**	.227**	1.000

注：* 表示 $p<0.05$，** 表示 $p<0.01$，*** 表示 $p<0.001$。下表同。

(二)假设检验

为了了解有无政治关联对于房地产业财务绩效和社会责任的影响,本文将样本分为有政治关联组和无政治关联组,并对两个样本做独立样本 T 检验。结果表明(见表 2),在有政治关联的情况下,以 ROE 表示的财务绩效和企业社会责任均显著提高,从而验证了假设 2 和假设 3,说明在中国背景下,有政治关联的企业确实可以得到更多资源,从而提升财务绩效,这也侧面反映出目前中国的市场机制不够完善,企业靠关系经营的现象仍然存在;同时可以看出,政府会干预企业,以便实现政府履行社会福利方面的义务,所以企业会履行社会责任作为服从。

表 2　两独立样本 t 检验

	PC	N	Mean	Std. Deviation	T	Sig.(2－tailed)
CFP	无政治关联	57	0.056	0.161	－2.554	.012
	有政治关联	73	0.001	0.103		
CSR	无政治关联	57	29.592	14.277	－3.367	.001
	有政治关联	73	38.451	15.640		

由于本研究中自变量具有适度相关性,为了考察回归分析中的多重共线性影响,作者增加了 VIF 诊断,发现所有模型的自变量 VIF 值在 1.05 和1.38之间,远小于临界值 10,说明回归方程的多重共线性并不严重。回归分析结果(见表 3)表明,在企业性质、财务杠杆、企业规模和企业成长性得以控制的情况下,企业社会责任正向显著影响财务绩效,假设 1 获得验证。原因可能在于房地产企业通过履行社会责任产生了声誉效应,良好声誉与知名度有利于引导消费者进行选择,最终促进了企业财务绩效的提高。对于政治关联变量调节作用的假设,检验结果表明,在企业性质、财务杠杆、企业规模和企业成长性得以控制的情况下,政治关联和社会责任的交互项对财务绩效产生显著的负向影响,说明对有政治关联的企业来说,履行社会责任并没有带来更好的财务绩效。其成因可能在于,企业履行社会责任主要是出于工具性目的,但是在政治关联的作用下,企业并没有得到非竞争性的利润;相反,企业因为多种原因服从于关联性压力,承担起了额外连带性义务从而损害了经济利益。

表3 回归结果

	CFP	CFP	CFP
	(1)	(2)	(3)
企业性质	−2.779	−2.813	−3.906
	(2.262)	(2.235)	(2.235)
财务杠杆	−0.1119	−0.0865	−0.108
	(0.0824)	(0.0822)	(0.182)
企业规模	4.390***	2.743*	3.049*
	(0.980)	(1.272)	(1.283)
企业成长性	0.001	0.0011	0.0013
	(0.001)	(0.001)	(0.001)
社会责任	0.199*	0.410**	
	(0.099)	(0.135)	
政治关联			14.436*
			(5.566)
政治关联×社会责任			−0.364*
			(0.155)
调整 R-square	0.143	0.163	0.194

五、结论和讨论

为了扩展社会责任对财务绩效方面的研究，本文以房地产业中130家上市公司为样本，重点分析了政治关联的作用。结果表明，有政治关联的企业其财务绩效会更优，说明在中国制度背景下拥有政治关联的企业确实更容易获利，这进一步验证了以往的研究结论（Fan等，2007；吴文锋等，2008）。但是，在政治关联的作用下，企业社会责任对财务绩效的影响则是显著负向的，即在政治关联的调节作用下，企业社会责任对财务绩效的影响会改变原有的方向。以往的研究中也发现企业慈善捐款不仅仅是为了市场竞争目的，也是管理者对外界力量的服从（张建君，2013）。因此，可以认为，虽然政治关联在名义上给予房地产企业的是扶持之手，但是在一定程度上也会影响企业承担起更多的社会责任，从而推动了政府扶持之手向掠夺之手的转化。

上述研究结论对政策制定的启示意义在于，一方面，政府应该进一步放开审批权，打破行政垄断，避免企业通过政治关联进行经营，以确保市场机制的完善；另一方面，企业也不能完全按照过去的思维，因为依赖政治关联获取的资源优势同时也是一把双刃剑。

此外，本文可能的局限性在于，管理者被列为人大代表或者政协委员不一定是企业主动参与的结果，因此在后续研究中应该进一步考虑模型的内生性问题。同时，在实证检验中，本文选取的行业为房地产业，但是在其他行业相关作用是否存在也有待进一步的验证。

参考文献

[1] 高勇强，陈亚静，张云均."红领巾"还是"绿领巾"：民营企业慈善捐赠动机研究[J]. 管理世界，2012(8)：106－114.

[2] 贾明，张喆. 高管的政治关联影响公司慈善行为吗？[J]. 管理世界，2010(4)：99－113.

[3] 刘玉焕，井润田. 企业社会责任能提高财务绩效吗？——文献综述与理论框架[J]. 外国经济与管理，2014,36(12)：72－80.

[4] 李姝，谢晓嫣. 民营企业的社会责任、政治关联与债务融资——来自中国资本市场的经验证据[J]. 南开管理评论，2015,17(6)：30－40.

[5] 沈洪涛，王立彦，万拓. 社会责任报告及鉴证能否传递有效信号？——基于企业声誉理论的分析[J]. 审计研究，2011,4(4)：87－94.

[6] 石军伟，胡立君，付海艳. 企业社会责任、社会资本与组织竞争优势：一个战略互动视角——基于中国转型期经验的实证研究[J]. 中国工业经济，2009(11)：87－98.

[7] 王曾，符国群，黄丹阳，等. 国有企业 CEO"政治晋升"与"在职消费"关系研究[J]. 管理世界，2014(5)：157－171.

[8] 张川，娄祝坤，詹丹碧. 政治关联、财务绩效与企业社会责任——来自中国化工行业上市公司的证据[J]. 管理评论，2014，26(01).

[9] 张祥建，徐晋，徐龙炳. 高管精英治理模式能够提升企业绩效吗？——基于社会连带关系调节效应的研究[J]. 经济研究，2015(3)：100－114.

[10] 张建君. 竞争—承诺—服从：中国企业慈善捐款的动机[J]. 管理世界，2013，9(9)：118 129.

[11] Aupperle K E, Hatfield J D. 1985, An Empirical Examination of the Relationship between Corporate Social Responsibility and Profitability [J]. Academy of Management Journal, Vol.28, No.2, pp.446 - 463.

[12] Bai C, Lu J, Tao Z. 2006, Property rights protection and access to bank loans[J]. Economics of Transition, Vol.14, No.4, pp.611 - 628.

[13] Becker-Olsen K L, Cudmore B A, Hill R P. 2006, The impact of perceived corporate social responsibility on consumer behavior[J]. Journal of Business Research, Vol.59, No.1, pp.46 - 53.

[14] Cui Z, Liang X, Lu X. 2013, Prize or Price? Corporate Social Responsibility Commitment and Sales Performance in the Chinese Private Sector[J]. Management & Organization Review, No.11, pp.25 - 44.

[15] Fan J P H, Wong T J, Zhang T. 2007, Politically connected CEOs, corporate governance, and Post - IPO performance of China's newly partially privatized firms [J]. Journal of Financial Economics, Vol. 84, No.2, pp.330 - 357.

[16] Faccio M. 2002, Politically-Connected Firms: Can They Squeeze the State? [J]. Social Science Electronic Publishing, Vol.96, No.1, pp.369 - 386.

[17] Hull C E, Rothenberg S. 2008, Firm performance: the interactions of corporate social performance with innovation and industry differentiation [J]. Strategic Management Journal, Vol.29, No.7, pp.781 - 789.

[18] Li X H, Liang X. 2014, A Confucian Social Model of Political Appointments among Chinese Private - Firm Entrepreneurs[J]. Academy of Management Journal, Vol.58, No.2, pp.592 - 617.

[19] Mcguire J B, Schneeweis T. 1988, Corporate Social Responsibility and Firm Financial Performance[J]. Academy of Management Journal, Vol.31, No.4, pp.854 - 872.

[20] Mcwilliams A, Siegel D. 2000, Corporate social responsibility and financial performance: correlation or misspecification? [J]. Strategic Management Journal, Vol.21, No.5, pp.603 - 609.

[21] Peng M W, Luo Y. 2000, Managerial Ties and Firm Performance in a Transition Economy: The Nature of Micro - Macro Link[J]. Academy of Management Journal, Vol.43, NO.3, PP.486 - 501.

[22] Peng M W, Heath P S. 1996, The Growth of the Firm in Planned Economies in

Transition: Institutions, Organizations, and Strategic Choice [J]. Academy of Management Review, Vol.21, No.2, pp.492 - 528.

[23] Tang Z, Hull C E, Rothenberg S. 2012, How Corporate Social Responsibility Engagement Strategy Moderates the CSR-Financial Performance Relationship [J]. Journal of Management Studies, Vol.49, No.7, pp.1274 - 1303.

The Influence of Corporate Social Responsibility on Corporate Financial Performance: The Role of Political Connection

Peng Yi, Liu Chunji

Abstract: Whether corporate social responsibility (CSR) affects corporate financial performance (CFP) or not has been warmly discussed by the researchers for a long time. In order to expand the related research, we examined the change to the relation between CSR and CFP on the moderation effect of political connection. The research reveals those enterprises which have political connection have better CSR, and CSR has significantly positive effect on CFP. However, the effect is significantly negative because of political connection. Therefore, enterprises should not rely too much on political connection in the process of business.

Key Words: Corporate Social Responsibility; Corporate Financial Performance; Political Performance

基于重组信息的股价异动研究

孙志宾[①]　殷玲华[②]　唐奕蓉[③]

摘　要：鉴于证券市场普遍存在的信息泄露现象，本文以中国股市 2010 年至 2013 年重大重组事件为样本，展开信息泄露与股价异常波动的研究。主要运用事件研究法，选取累计异常收益率、公告效应、内幕交易效应等指标来检验重大重组事件信息披露对股价的影响。

关键字：重组；事件研究法

一、事件研究法与内幕交易

（一）累计平均异常报酬

规定重大重组事件公告日当天 $t=0$，事件窗口为（-30，30），即包括公告日前后 30 个交易日，共 60 天。估计窗口为（-120，-31），共 90 个交易日。R_{it}表示第 i 种股票第 t 个交易日的实际收益率，R_{mt}表示第 i 种股票第 t 个交易日所属股市收益率。

在估计窗口（-120，-31）内估计市场模型，对于每一个重组公司 i，通过估计得到模型的参数 $\hat{\alpha}\hat{\beta}$。在事件窗口（-30，30）内，按照 $\hat{R}_{it}=\hat{\alpha}_{it}+\hat{\beta}_{\mathrm{it}}R_{mt}$，估计重组股票 i 在第 t 日的正常报酬。在事件窗口（-30，30）内，股票 i 异常

---

① 孙志宾（1970—），博士，副教授，北方工业大学，研究方向为统计数据分析与时间序列分析。

② 殷玲华（1990—），女，硕士，北方工业大学，研究方向为金融数学。

③ 唐奕蓉（1991—），女，硕士，北方工业大学，研究方向为金融数学。

收益率通过公式 $AR_{it}=R_{it}-\hat{R}_{it}=R_{it}-\hat{\alpha}_i-\hat{\beta}_i R_{mt}$ 计算。

为便于分析重组样本价格波动，文中将 i 股票 t 时刻的累计异常收益率定义为：$CAR_{i,-30,t}=\sum_{t=-30}^{t-1} AR_{it}$，即 i 股票第 t 天的累计异常收益率为(－30,30)内 t 天之前的异常收益率之和。所有重组样本第 t 个交易日的平均异常收益率为：$AAR_t=\frac{1}{N}\sum_{i=1}^{N} AR_{it}$ 相应统计量为：$t(AAR_t)=\frac{1}{N}\sum_{i=1}^{N} t$。文中将累计平均异常收益率定义为：$CAAR_t(-30,t)=\sum_{t=-30}^{t-1} AAR_t=\frac{1}{N}\sum_{t=-30}^{t-1}\sum_{i=1}^{N} AR_{it}$。其 t 统计量为：$t(CAAR-30,t)=\frac{\sum_{t=-30}^{t} t_t}{\sqrt{t_2+30+1}}$。

其中第 t 日的累计平均异常收益率表示的是：事件窗(－30,30)内，第 t 个交易日前重组样本平均异常收益率之和。文中的事件研究法，假设前提为：

H_0：$CAAR$ 为 0，重组信息对股价不产生重要影响；

H_1：$CAAR$ 不为 0，重组信息对股价产生重要影响。

（二）公告效应及内幕交易效应

1. 公告效应

公告日到公告日后一天(0,1)窗口内的累计异常收益率比上事件考察期左端点到公告后一天(－30,1)内的累计异常收益率就是公告效应。

$$公告效应=\frac{CAAR(0,1)}{CAAR(-30,1)}$$

2. 内幕交易效应

文中将事件考察期左端点到公告前一天(－30,－1)的累计异常收益率与事件期(－30,30)的累计异常收益率的比值定义为内幕交易效应。

$$内幕交易效应=\frac{CAAR(-30,-1)}{CAAR(-30,30)}$$

这个比值结果用来测量重组信息公开之前那段时间，重组公司股价波动总幅度大小，这个比例高低与内幕交易可能性成反比。

当置信水平为 α 时，若 t 值大于临界值，则接受 H_1，拒绝原假设 H_0，表明

不能通过 t 检验，即重组样本股价波动存在潜在趋势。反之，若 t 值小于或小于等于临界值，则接受 H_0，拒绝 H_1，表明序列通过 t 检验，即重组公司股价波动无明显趋势。

二、实证结果

（一）“公告效应”和“内幕交易效应”分析

本文主要选择 2010 年到 2013 年上证和深圳共 660 家重大重组的上市公司为样本进行研究。

表 1　重组样本 AAR 和 CAAR 统计

事件日	*AAR*	*CAAR*	事件日	*AAR*	*CAAR*
−20	0.000 785	0.000 785	0	0.012 44	0.017 838
−19	−0.011 56	−0.010 775	1	0.008 3	0.026 138
−18	0.004 762	−0.006 013	2	0.006 4	0.032 538
−17	−0.003 87	−0.009 883	3	0.003 15	0.035 688
−16	−0.002 07	−0.011 953	4	0.003 401	0.039 089
−15	−0.004 06	−0.016 013	5	0.001 7	0.040 789
−14	−0.002 43	−0.018 443	6	0.002 746	0.043 535
−13	0.002 249	−0.016 194	7	0.004 067	0.047 602
−12	−0.003 47	−0.019 664	8	0.001 71	0.049 312
−11	−0.000 74	−0.020 404	9	−0.001 19	0.048 122
−10	−0.001 23	−0.021 634	10	−0.002 87	0.045 252
−9	0.006 244	−0.015 39	11	−0.002 99	0.042 262
−8	−0.002 77	−0.018 16	12	−0.003 56	0.038 702
−7	0.004 369	−0.013 791	13	0.000 153	0.038 855
−6	−0.003 09	−0.016 881	14	0.000 221	0.039 076
−5	−0.001 38	−0.018 261	15	0.006 144	0.045 22
−4	0.000 446	−0.017 815	16	0.005 87	0.051 09

（续表）

事件日	*AAR*	*CAAR*	事件日	*AAR*	*CAAR*
−3	0.005 28	−0.012 535	17	−0.001 58	0.049 51
−2	0.008 343	−0.004 192	18	0.003	0.052 51
−1	0.009 59	0.005 398	19	−0.002 86	0.049 65
0	0.012 44	0.017 838	20	0.004 024	0.053 674

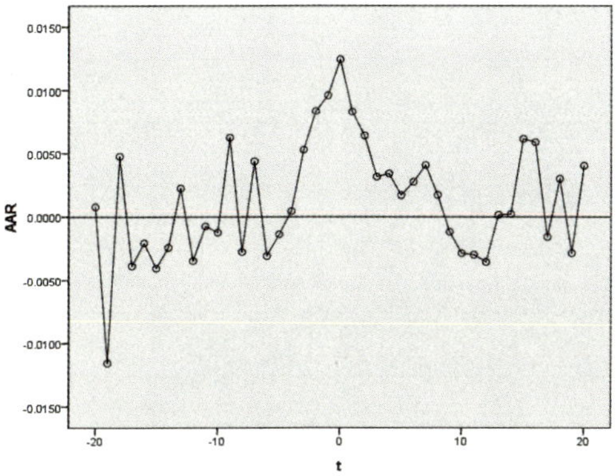

图 1　重组样本 *AAR* 统计图

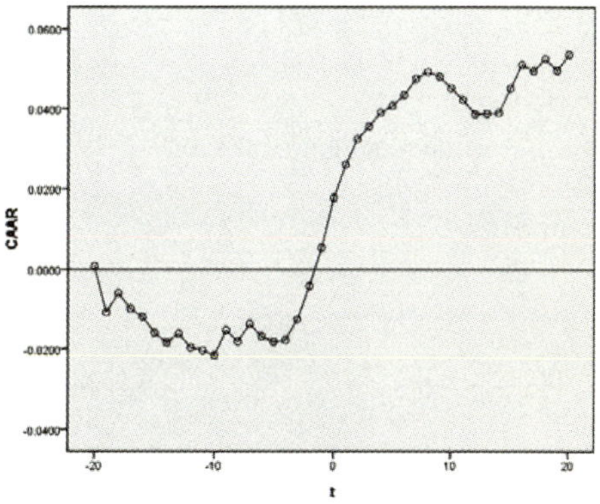

图 2　重组样本 *CAAR* 统计图

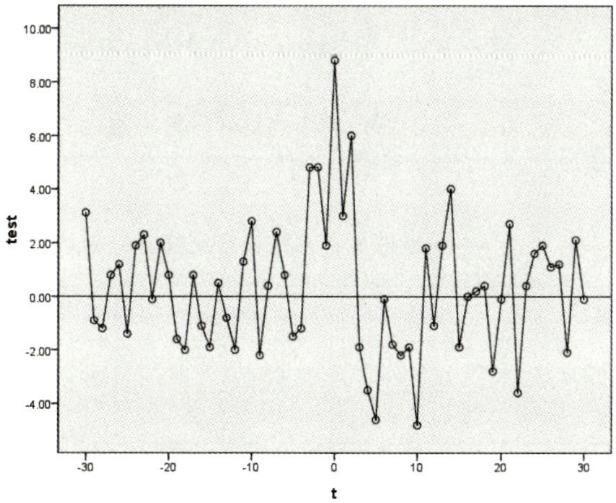

图 3　*T* 检验量统计图

设显著性水平为0.05,则 t 检验临界值为1.700 3,公告效应为9.7%,说明重组信息的公告对股票价格的影响很小,公告日之前信息已经泄露。公告日之前大股价上升,股价波动的趋势异常,暗示操纵股价的行为在重组事件中发生。

（二）重组样本"内幕交易效应"分析

$$\text{内幕交易效应}=\frac{CAAR(-30,-1)}{CAAR(-30,30)}=\frac{\sum_{t=-30}^{t=-1}AAR_t}{\sum_{t=-30}^{t=30}AAR_t}=\frac{0.02352}{0.0824}=2.85$$

内幕交易效应为2.85,明显大于2,这一比值很大,说明重组公告之后,尤其在公告后20个交易日后,平均异常收益存在负值,使得 $CAAR(-30,30)$ 数值变小。

充分说明事件窗(-30,30)内,重组公告前股价上涨幅度是整个事件窗股价涨幅的2.87倍,信息泄露或内幕交易现象已非常严重。

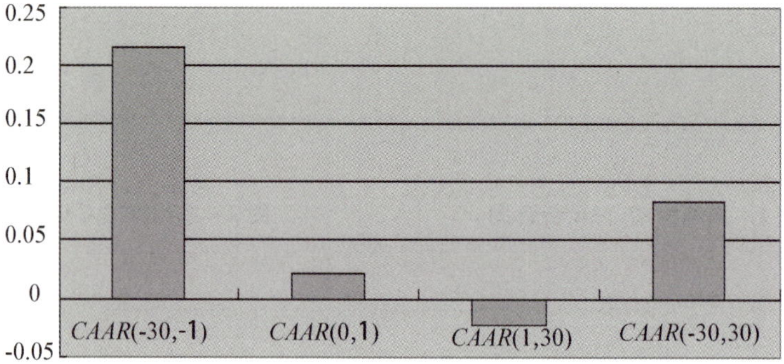

图4　不同窗口期平均累计异常收益

表2　不同事件窗异常收益重组样本数量

事件窗		(-1,+1)	(-10,+10)	(-20,+20)	(-30,30)
具有异常收益的	正	426	382	305	296
重组公司个数	负	234	278	355	364

综上所述,绝大部分发生信息泄露、内幕交易的重组样本股票的股价在重

组公告之前会出现异动现象，而且累计异常收益增加。重组公告之后，本来应该上升的股价却走势平稳，甚至呈现下降趋势。

全部重组样本 *CAR* 加权平均之后得到的平均累计异常收益走势图，不同窗口期的平均累计异常收益、公告效应和内幕交易效应指标更明确地表明重组信息泄露、内幕交易对股价的重大影响，事件研究法作为判别重组公司公告后是否出现信息泄露和内幕交易的标准，具有一定的价值和准确性。

三、结论

本文对 2010 到 2013 年重组样本公司进行检验，得出我国证券市场存在普遍的习惯，即将资产重组事件视为利好消息，且进行重组公司在短期内价值增加，总体 *CAR* 走势表明市场存在信息泄露、操纵股价现象，这个结论与国内大部分研究结果一样。

进一步分析得知：目前我国股市存在较严重的利用内幕信息操纵股价现象，内幕交易者集中资金在披露前买入股票，一旦发布重组公告，便抛售现有股票，有的时候也会继续拉抬股价，视具体情况而定。主要依据文中检验结果：市场对重组事件提前反应，尤其是高送转这类重大利好信息披露，会引发公告前股价异动。

参考文献

[1] 肖淑芳，李阳.上市公司信息披露与股价异动研究[J].北理工学报，2004(6)：53－56.

[2] 孙开连，刘宽虎.中国股市内幕交易实证分析[J].中国科学，2003(5)：62－64.

[3] 张丹.重大事件披露、股价异动与内幕交易[J].上海管理科学，2009(1)：24－28.

Stock price's abnormal fluctuation based on restructuring information

Sun Zhibin, Yin Linghua, Tang Yirong

Abstract. In view of Information leakage phenomenon is prevalent in the stock market, This article select major restructuring events from 2010 to 2013 as sample to research information leakage and stock price's abnormal fluctuation. The main study method is event study, Select the cumulative abnormal returns、the announcement effect、the effect of insider trading and other indicators to examine the effects of a major reorganization event information disclosure on stock prices.

Key Words: Restructuring; The Event Study Method

《金融管理研究》(中英文)约稿启事

网页:www.jrglyj.com

投稿邮箱:jrglyj@shnu.edu.cn

《金融管理研究》(Finance and Management Research,FMR)为经济、金融和管理理论研究与实践创新领域同时用中文与英文两种语言出版发行的专业学术出版物。由上海师范大学主办,上海师范大学商学院承办。本丛书秉持学术性、创新性与前瞻性,努力为经济与管理研究搭建一个具有国内外领先水平的学术交流平台。为此,我们向广大国内外专家学者与业界朋友们发出邀请,征集相关稿件。

一、稿件内容及稿费支付

《金融管理研究》主要收录经济、金融与管理领域内的高水平学术性文章,欢迎作者同时提供中英文对应的两个版本文章。投稿时请作者提前说明出版发行范围。

如作者希望国内出版发行,提供的是中文稿件,录用后只安排国内发行;

如希望国外出版发行,提供的是英文稿件,录用后只安排国际发行;

如希望国内外出版发行,请作者同时提供中文稿件及其对应的英文稿件,或者请告知编辑部,我们将组织高质量的专业翻译,专业翻译费用由作者和编辑部各承担50%,作者分担的翻译费部分可以从稿费中直接扣除,如不足,再补交不足的翻译费用;如有多余,编辑部再发出剩余稿费。

评阅意见较好的优秀稿件,在征得作者同意的情况下,编辑部将组织中英文互译，安排中文版与英文版《金融管理研究》同时录用。

录用文章主题涵盖理论经济、应用经济、金融管理、金融工程、企业管理、公共管理及管理科学等领域，优先发表城市经济、区域经济、城市金融发展与安全方面的文章；获得基金资助的文章，在同等条件下优先录用。

文章可以是“论文”“综述”“调研报告”等。“综述”要求是体现某一领域最新学术动态的综述性文章；“论文”要求是具有一定原创性的理论和实证研究文章；“调研报告”要求是使用案例分析、实验设计、问卷调查等方法针对性地研究现实热点及典型情景的文章。

为保证稿件评审客观公正，保障本丛书的文章质量，本丛书实行二级匿名审稿制度。稿件一经录用，将根据编辑部规定，按照稿件质量从优支付相应的稿费。反响较好的，如被《新华文摘》《高等学校文科学报文摘》《人大复印资料》全文转载，或他引频次与影响因子较高者，在本丛书年终评优时，将给予奖励。

作者如未向编辑部作特别声明，所投稿件应该是作者自己完成的原创性作品，且与该稿件内容无实质差别的稿件（包括其外文翻译稿件）未曾在其他报纸、期刊等出版物上发表过。稿件被录用后，在公开发表之前，未经本丛书同意，作者切勿再将论文投向其他刊物。

二、投稿查稿

1. 投稿说明

本丛书接收网页投稿或电子邮件投稿。

（1）电子投稿：电子邮件投稿邮箱为：jrglyj@shnu.edu.cn。

（2）网页投稿，先登录《金融管理研究》网页：www.jrglyj.com。如是新用户，请进入作者投稿查稿系统中填写相关作者信息后提交系统，再返回邮箱点击激活注册用户账号后，即可登录按要求进行后续网页投稿。网页投稿稿件优先安排审稿，作者可以登录网页随时查阅稿件审阅情况。

稿件一经采用，编辑部会及时与作者联系。

凡投稿，无论本丛书采用与否，概不退稿，请作者自留底稿。在收到稿件后，一至两个月内给予作者是否录用的答复，两个月后没有接到录用通知者即可另投。

2. 温馨提示

投稿人保证其所投稿件不含有任何违法内容，并且也未侵犯他人的任何权利，包括但不限于著作权；如投稿时无特殊说明，稿件一经投稿，均被视为无条件许可本编辑部免费转载、使用(包括许可他人使用)，包括但不限于通过互联网包括无线网进行发布、复制、编辑、改编、传输、播放、展示；有关该稿件通过互联网包括无线网进行传播、使用、出版等所有相关事宜，均由本编辑部全权负责。

为适应我国信息化建设，扩大本丛书及作者知识信息交流渠道，本丛书已被《中国学术期刊网络出版总库》及 CNKI 系列数据库、北京万方数据股份有限公司、万方数据电子出版社收录，并由其对外提供信息服务，免费提供作者文章引用统计分析资料。作者文章著作权使用费与本丛书稿酬由本编辑部一并一次性给付，不再另行发放。如作者不同意文章被收录，请在来稿时向本编辑部声明，本编辑部将做适当处理。

3. 联系地址

通信地址：上海市徐汇区桂林路 100 号上海师范大学商学院《金融管理研究》编辑部

邮编：200234

联系电话(传真)：021－64321709

联系人：黄老师

《金融管理研究》编辑部